Heinrich Tinsch

Das Recht der deutschen Einzelstaaten

bezüglich des Abschlusses völkerrechtlicher Verträge mit besonderer

Berücksichtigung ihrer Stellung im Reiche

Heinrich Tinsch

Das Recht der deutschen Einzelstaaten
bezüglich des Abschlusses völkerrechtlicher Verträge mit besonderer Berücksichtigung ihrer Stellung im Reiche

ISBN/EAN: 9783743443068

Hergestellt in Europa, USA, Kanada, Australien, Japan

Cover: Foto ©Suzi / pixelio.de

Manufactured and distributed by brebook publishing software (www.brebook.com)

Heinrich Tinsch

Das Recht der deutschen Einzelstaaten

Das Recht

der

deutschen Einzelstaaten

bezüglich des

Abschlusses völkerrechtlicher Verträge

mit besonderer Berücksichtigung

ihrer

Stellung im Reiche.

Inaugural-Dissertation

der

k. juristischen Fakultät Erlangen

vorgelegt

von

Heinrich Tinsch.

Erlangen.
Druck der Universitäts-Buchdruckerei von Junge & Sohn.
1882.

Die Frage nach dem Fortbestehen der Souveränetät der deutschen Einzelstaaten wird häufig wegen der rechtlichen Natur des deutschen Reiches als Bundesstaat, wie solche von der herrschenden Meinung angenommen wird, verneinend beantwortet.

Souveränetät — so argumentirt man — ist die Unabhängigkeit einer staatlichen Macht (suprema potestas) nach Aussen gegenüber den übrigen Völkerrechts-Subjekten und die Unbeschränktheit derselben nach Innen gegenüber den Staatsangehörigen. Im Bundesstaate aber, als derjenigen staatlichen Erscheinungsform, in welcher sich mehrere bisher selbstständige Staaten unter Bildung einer über ihnen stehenden gemeinsamen Centralgewalt dauernd vereinigt haben, ist der Einzelstaat in seinem Wirken weder nach Innen völlig unbeschränkt, denn die der gemeinsamen Obergewalt zustehenden Machtbefugnisse, insbesondere hinsichtlich der Gesetzgebung, durchbrechen die Befugnisse der Gliederstaaten gegenüber ihren Angehörigen, noch auch ist der Einzelstaat nach Aussen ganz unabhängig, indem die Souveränetät von der Centralgewalt absorbirt ist. Man geht sogar soweit, den Satz auszusprechen, dass nach dem Begriffe der Souveränetät eine Beschränkung derselben ein Unding, eine contradictio in adjecto sei, da ja eine beschränkte suprema potestas sich selbst negire.

Wie aber die Freiheit und das Eigenthum noch fortdauern, wenn auch einzelne an sich in denselben enthaltene Machtbefugnisse zeitlich oder dauernd dem berechtigten Subjecte fehlen, so ist dies auch bezüglich der Souveränetät der Fall. Ist diese freilich durch Gewalt dem Subject entzogen, dann wird sich ihr Vorhandensein aus einzelnen Befugnissen, welche sie sonst in sich begreift, nicht behaupten lassen; anders aber dann, wenn durch Vertrag die einzelnen

Staaten sich ihrer bisher unbeschränkten Souveränetät begeben zu Gunsten eines von ihnen selbst geschaffenen völkerrechtlichen Subjektes, welches sie mit einer Reihe von Befugnissen ausstatten, während sie andere sich reserviren. So wird für den Einzelstaat und für den Gesammtstaat ein eigener abgegrenzter Competenzkreis geschaffen, der vom Bunde nicht willkürlich d. h. gegen den Willen seiner Glieder erweitert werden kann; beide Competenzkreise aber ergänzen sich zur vollen staats- und völkerrechtlichen Souveränetät.

So wird man auch im jetzigen deutschen Reiche von einer wenn auch nicht vollen, so doch beschränkten Souveränetät der Einzelstaaten sprechen dürfen, d. h. von einer solchen innerhalb ihrer ohne ihre Zustimmung nicht einzuengenden Machtsphäre. Dies erkennt denn auch die deutsche Reichsverfassung an, indem sie den Einzelstaaten die Regelung einzelner Verhältnisse ganz, anderer in zeitlich beschränkter Weise und sub conditione überlassen hat, nemlich bis zu dem Zeitpunkte, wo das Reich von seiner verfassungsmässig ihm zugestandenen Befugniss Gebrauch machend sich dieser Verhältnisse bemächtigt hat und dieselben durch Gesetz oder völkerrechtlichen Vertrag normirt. Dabei wurde zudem ausgegangen von der vollen Souveränetät der Einzelstaaten, so dass die denselben verbliebenen Befugnisse nicht als Privilegien, sondern vielmehr die Befugnisse des Reiches als Beschränkungen der Competenz der Einzelstaaten anzusehen sind. Hierüber wird später des Näheren zu sprechen sein. Es bezieht sich dies aber sowohl auf die innere, als auf die äussere Seite der Souveränetät, d. h. wie auf die Gesetzgebungsbefugniss, so auf das Recht der Einzelstaaten zum Abschlusse völkerrechtlicher Verträge. Hinsichtlich des völkerrechtlichen Verkehrs ist denselben natürlich auch das Mittel zur Ausübung ihrer Rechte, das aktive und passive Gesandschaftsrecht gewährt, freilich mit der selbstverständlichen Massgabe, dass die Einzelstaaten Gesandschaftsverkehr nur mit solchen Mächten unterhalten können, welche vom Reiche anerkannt sind, und mit der gesetzlichen Beschränkung, dass dieselben Consuln zwar empfangen, nicht aber bestellen dürfen. [R. Verf. Art. 56.]

Die Gebiete aber, bezüglich welcher ein selbstständiges

Recht der Einzelstaaten zur Regelung ihrer Angelegenheiten durch Gesetz und völkerrechtlichen Vertrag besteht, sind in dem Grundgesetz des deutschen Reiches nicht in scharf bestimmter Weise abgegrenzt und es ist insbesondere ausdrücklich nur der sogenannten Sonderrechte, welche als Privilegien gegenüber dem Mass der Befugnisse aller einzelnen Staaten anzusehen sind, Erwähnung geschehen.

Es lassen sich diese Gebiete lediglich durch Zusammenhalt des für die Competenzabgrenzung zwischen Reich und Einzelstaaten geltenden, oben kurz angedeuteten Grundsatzes mit den Bestimmungen des positiven Rechts der Reichsverfassung bestimmen; hieraus erhellt aber, dass eine Darstellung des Vertragsschliessungsrechtes der Einzelstaaten nur im engsten Zusammenhalte mit den für das Reich geltenden Rechtssätzen sich entwickeln lässt.

So wird denn auch im Folgenden verfahren werden und wird sich die vorwürfige Materie gliedern in die Darstellung
- 1) des abschlussberechtigten Staatsorgans,
- 2) des Umfanges des Vertragsschliessungsrechtes,
- 3) der formellen Behandlung der Staatsverträge vor und nach dem Abschlusse,

woran sich noch eine Erörterung reihen mag über das Verhältniss zwischen den von den Einzelstaaten abgeschlossenen Verträgen und dem Reichsrecht. —

Bevor jedoch die Lehre vom Abschlusse völkerrechtlicher Verträge zur Darstellung gebracht werden kann, ist zuvörderst der Begriff des völkerrechtlichen Vertrages, der aus logischen Gründen an die Spitze gestellt werden muss, zu fixiren.

Es ist nemlich nicht in allen Fällen, in welchen der Staat als Subjekt eines Vertrages erscheint, dieser ein völkerrechtlicher und demgemäss nicht auf jeden vom Staate abgeschlossenen Vertrag das Völkerrecht oder Staatsrecht anwendbar. Damit sich aber ein Vertrag als völkerrechtlicher qualifizire, ist eine gewisse Qualität der Contrahenten und des Inhaltes erforderlich.

Der Vertrag eines Staates mit einer Privatperson, sei diese physische oder juristische, kann niemals völkerrechtliche Natur haben, weil es hier an der zum Vertrage noth-

1 *

wendigen Gleichheit der rechtlichen Stellung beider Contrahenten fehlt; es wird damit natürlich nicht behauptet, dass ein Vertrag des Staates mit einer Privatperson überhaupt unmöglich sei, sondern nur, dass ein völkerrechtlicher Vertrag unter diesen Verhältnissen unmöglich sei. Ein solcher Vertrag wird immer nur die privatrechtliche Seite des Staates berühren können und ist ein privatrechtlicher, nach den Grundsätzen des Privatrechtes zu beurtheilender. Der völkerrechtliche Vertrag erfordert also als Contrahenten souveräne Staaten; doch können ausserdem auch Verträge zwischen den Oberhäuptern solcher Staaten völkerrechtliche Qualität haben, insoferne sie sich auf Angelegenheiten beziehen, welche die Landesverfassung berühren z. B. Erbverbrüderungen, Verträge über die Ausübung von Hoheitsrechten, oder auf Gegenstände des Völkerrechts z. B. Titel und Ehrenrechte.

Was nun die Qualität des Inhaltes betrifft, so lässt sich diese am besten negativ bestimmen. Man wird sagen müssen, dass ein Vertrag unter den bereits angeführten Voraussetzungen in der Person der Contrahenten nur dann ein völkerrechtlicher sei, wenn sein Inhalt nicht lediglich nach dem Privatrechte zu beurtheilen ist. Danach also sind Verträge zwischen regierenden Fürsten über Lehensverhältnisse oder Erbrechte bezüglich des Schatullgutes u. s. w. nicht zu den völkerrechtlichen zu zählen, da ihr Inhalt nach dem Privatrechte zu beurtheilen ist. Dagegen fallen Verträge zwischen Staaten in die Kategorie der völkerrechtlichen auch dann, wenn sie Verbindlichkeiten begründen, die an sich dem Privatrechte angehören z. B. Kauf- oder Tauschverträge bezüglich des Staatseigenthums, weil hier doch nicht lediglich das Privatrecht in Frage kommt, sondern diese Rechtsverhältnisse auch zugleich öffentlich rechtlicher Natur sind.

Es ist hier in Kürze auch die Frage bezüglich der rechtlichen Qualität der mit der Curie abgeschlossenen Concordate zu erörtern. Dieselbe ist bekanntlich Gegenstand lebhaften Streites, in welchem sich drei Hauptmeinungen gegenüberstehen, die man kurz als Privilegien-, Legal- und Vertragstheorie bezeichnen kann.

Die beiden ersteren negiren die Vertragsqualität der

Concordate überhaupt und zwar vorzugsweise aus dem Grunde, weil die contrahirenden Subjekte nicht rechtlich gleichwerthig seien. Während aber die Privilegientheorie von der Ansicht ausgeht, dass der Staat in kirchlichen Dingen der Kirche absolut untergeordnet sei und zu gehorchen habe, also hier nicht Gleichberechtigte sich gegenüberstünden, betont die Legaltheorie mehr die Eigenschaft des Staates als einzigen Faktors aller menschlichen Entwicklung und betrachtet die Kirche lediglich als ein Organ des Staates, mit welchem er als in ihm selbst seiend einen Vertrag nicht eingehen könne.

Die Unrichtigkeit dieser beiden Theorien ist längst erkannt und es kann sich nur fragen, ob die sogenannte Vertragstheorie haltbar sei. Man hat dagegen angeführt, dass der Pabst seit dem Verluste des sogenannten Patrimonium Petri aufgehört habe, souveräne Macht zu sein und sonach den Concordaten alle jene wesentlichen Cautelen fehlen, auf welchen die Sicherung der Einhaltung der Verträge beruhe, indem jedes Zwangsmittel weggefallen sei. Hiegegen ist aber anzuführen, dass die Concordate stets nur mit dem Pabste als sichtbarem Oberhaupte der Kirche, nicht als weltlichem Souverän abgeschlossen worden sind und werden und dass die völkerrechtlichen Garantieen eben wegen seiner eigenthümlichen Stellung auf rein internem Gebiete niemals gegeben waren, dass sich sonach die Stellung des Pabstes bezüglich des Abschlusses von Concordaten durch die Ereignisse des Jahres 1870 nicht geändert hat. Man hat ferner gegen die Vertragstheorie geltend gemacht, dass die Kirche kein Subjekt des Völkerrechts, keine civitas, sei, weil ihr Gebiet ein rein innerliches sei, das keine Analogie mit den Gegenständen völkerrechtlicher Verträge zulasse.

Aus diesen Gründen hat sich eine vierte Meinung dahin ausgesprochen, dass man die Concordate wenigstens nicht als völkerrechtliche Verträge ansehen dürfe, sondern als eine ganz eigenthümliche Art von Verträgen betrachten müsse, welche nicht unter den Grundsätzen des Völkerrechts stehe. Will man aber die Concordate überhaupt als Verträge ansehen, was sich nicht wird umgehen lassen, so bleibt hinsichtlich ihrer Qualifikation lediglich die Wahl zwischen privatrechtlichen und völkerrechtlichen Verträgen; ein Drittes ist nicht möglich. Dieselben aber als privatrechtliche anzusehen, ist nicht allein wegen ihres öffentlich rechtlichen, in's Staatsleben tief eingreifenden Inhaltes, als auch wegen der rechtlichen Stellung der Subjekte unmöglich. Denn der Pabst ist auf seinem Gebiete ebenso unabhängig und souverän, als der weltliche Fürst auf dem seinigen; Beide vertreten beim Abschlusse der Concordate eine organisierte Gesammtheit von Interessen und Individuen, die gegenseitig nicht im Verhältniss der Ueber- und Unterordnung stehen. Der Inhalt der Verträge ist dergestalt, dass er eine ausschliesslich vertragsmässige Regelung erheischt. Dazu kommt, dass seit Jahrhunderten zwischen Rom und den katholischen Staaten wenigstens ein geordneter diplomatischer Verkehr besteht und dass die Praxis den Concordaten Verbindlichkeit für beide Theile stets zugesprochen hat.

Dass freilich die völkerrechtlichen Zwangsmittel auf beiden Seiten fehlen, ist unbestreitbar; es besteht jedoch das mächtigste Interesse auf Seite des Staates sowohl, als auf der der Curie, dass das Vereinbarte auch eingehalten werde und dieses kann und muss jene Zwangsmittel ersetzen, die ohnehin im Falle des Ernstes zweifelhaften Werthes sind. In allen übrigen Punkten aber decken sich die übrigen Arten völkerrechtlicher Verträge und die Concordate vollständig.

Man kann desshalb zu keinem anderen Resultate gelangen, als zu dem, dass die Concordate als völkerrechtliche Verträge zu betrachten seien.

Nach dieser Erörterung über den Begriff des völkerrechtlichen Vertrages kann denn übergegangen werden zur Darstellung der vorwürfigen Materie.

I. Abschnitt.

Das zum Abschlusse competente Organ.

Es ist von einer Reihe von Schriftstellern auf dem Gebiete des Staatsrechts der Satz aufgestellt worden, dass ein völkerrechtlicher Grundsatz bestehe, wonach das Staatsoberhaupt unbedingt und für alle Fälle der legitimirte Repräsentant des Staates sei und diesen durch jeden Vertragsschluss verpflichte, gleichviel ob von der Staatsverfassung eine Mitwirkung der Volksvertretung als hiezu erforderlich bezeichnet sei oder nicht; so namentlich Gneist, Gutachten über die Auslegung des Artikels 48 der preussischen Verfassungsurkunde (Anlage A des 5. Berichts der Commission für Petitionen betr. die mit Russland abgeschlossene Cartel-Convention; Drucksachen des preussischen Abgeordnetenhauses 1868, abgedruckt in E. Meier, Abschluss von Staatsverträgen, Leipzig 1874 am Ende), so auch Robert von Mohl noch in der Encyclopädie der Staatswissenschaften 1872 S. 415 ff., welcher jedoch sich in seinem späteren Werke: „Das deutsche Reichsstaatsrecht" 1873 im entgegengesetzten Sinne ausgesprochen hat. Andere vertreten mit einer Modifikation dieselbe Ansicht, indem sie eine staatsrechtliche und eine völkerrechtliche Seite der Frage unterscheiden und behaupten, dass ein Vertrag völkerrechtlich bindend werde durch die Ratifikation Seitens des Staatsoberhauptes und aus völkerrechtlichen Gründen hinfällig werden könne; die staatsrechtliche Seite der Frage komme aber erst in Betracht bei der Ausführung des Vertrages, wenn und insoweit hier die Mitwirkung der Volksvertretung nothwendig werde und in Folge ihrer Nichtgenehmigung den Vertrag undurchführbar machen könne. Dieser Anschauung huldigen: v. Rönne, Verfassungsrecht des deutschen Reiches 1872 S. 61; H. A. Zachariae, deutsches Staatsrecht Bd. II S. 586; Zöpfl, Grundsätze des gemeinen deutschen Staatsrechts 1863 S. 380 ff. und 387 ff.; G. Meyer, deutsches Staatsrecht 1878 S. 484 ff.

Die entgegengesetzte Meinung, dass nemlich staatsrechtlichen Beschränkungen des Vertragsschliessungsrechtes des Staatsoberhauptes auch völkerrechtliche Bedeutung zukomme, dass also bei deren Nichtbeachtung auch kein gültiger Vertrag zu Stande komme, wird namentlich vertreten durch R. v. Mohl deutsches Reichsstaatsrecht 1873 S. 303 ff.; E. Meier, Abschluss von Staatsverträgen an verschiedenen Orten, namentlich S. 100; dann von Gorius in Hirth's Annalen 1874 S. 759 ff.

Zu welch' bedenklichen Collisionen aber eine Behandlung des Vertragsschliessungsrechtes nach den beiden erstgenannten Theorieen führen könne, ist leicht ersichtlich; denn danach ist einerseits das Staatsoberhaupt dem Mitcontrahenten aus dem gültigen Vertrage zur Ausführung desselben verpflichtet, andererseits aber die Möglichkeit sehr nahe liegend, dass es an der Erfüllung seiner vertragsmässigen Pflicht wegen der Nichtbeachtung seiner staatsrechtlichen Verpflichtung gehindert werde. Der Fürst würde nun nach Ansicht der erstgenannten Schriftsteller zunächst mit allen Mitteln auf die Ausführung des abgeschlossenen Vertrages hinzuwirken haben, also eventuell durch Auflösung der nicht zustimmenden Kammern, und bei definitiver Erfolglosigkeit seiner Bemühungen eine Aufhebung des Vertrages auf diplomatischem Wege herbeiführen müssen. Geht man aber auf diesem Wege nur noch einen Schritt weiter, so wird sich für den Fall, dass auch der letztbezeichnete Ausweg nicht zu erreichen ist, die Consequenz ergeben, dass das Staatsoberhaupt durch den nach jener Theorie gültigen Vertragsabschluss den Staat vor die Alternative stellt zwischen einem casus belli oder der Annahme jenes Vertrages entgegen seinen Interessen und dem Willen des Volkes.

Wie nun verhält es sich mit der angeführten Behauptung der Existenz eines völkerrechtlichen Grundsatzes, wonach der Herrscher prinzipiell und unter allen Umständen den Staat durch einen von ihm abgeschlossenen Vertrag verpflichtet?

I. Abschnitt. Das zum Abschlusse competente Organ.

Das Völkerrecht, ein jus non scriptum, giebt hierauf keine positive Antwort; es beruht auf Gewohnheitsrecht, welches aus der übereinstimmenden Handlungsweise der Staaten zu erkennen ist; aber auch hier sucht man vergebens die Lösung der Frage. Es bleibt sonach Nichts übrig, als dass man die Ansichten der bedeutendsten Autoritäten auf dem Gebiete des Völkerrechts höre und prüfend neben einander stelle, um aus dem Gewichte ihrer Meinungen eine Entscheidung zu gewinnen. Es ist denn auch dieser Weg von E. Meier a. a. O. S. 92 ff. eingeschlagen und in einer Zusammenstellung der bezüglichen Ansichten der bedeutendsten Völkerrechtslehrer verschiedener Nationen von Hugo Grotius an bis zu Calvo in die neueste Zeit herauf mit Evidenz nachgewiesen worden, dass alle diese Autoritäten übereinstimmend scharf und klar das Gegentheil von dem behaupteten Grundsatze aussprechen, indem sie alle lehren, dass zum verbindlichen Abschlusse eines völkerrechtlichen Vertrages dasjenige Organ eines Staates befugt sei, welches hiezu von der Staatsverfassung ermächtigt sei. Sonach bestimmt das Staatsgrundgesetz die Vertragsschliessungs-Competenz des Herrschers und darum ist es eine Pflicht der Staatsregierungen, beim Abschlusse solcher Verträge gegenseitig die verfassungsmässige Legitimation des Organs ihrer Mitcontrahenten hinsichtlich der Dispositionsfähigkeit zu prüfen, wenn sie sich nicht der Gefahr aussetzen wollen, einen nichtigen Vertrag geschlossen zu haben.

Und wenn es auch sonst nicht angeht, die Analogie des Privatrechts für das Völkerrecht geltend zu machen, so dürfte doch gerade hier dem Satze Ulpian's in L. 19 Dig. de reg. jur.: qui cum alio contrahit, vel est vel debet esse non ignarus conditionis ejus eine Berechtigung um so weniger abzusprechen sein, als ja die Staatsverfassungen kein Geheimniss, sondern unter allen Staaten wohl bekannt sind.

Der Schwerpunkt der Frage liegt also auf staatsrechtlichem Gebiete und damit fällt auch die Möglichkeit einer Collision zwischen Vertragsschliessung und Ausführung weg; denn ist ein Vertrag ohne Beachtung der im Staatsgrundgesetz enthaltenen Beschränkungen vom Staatsoberhaupt geschlossen, so fehlt zu seinem Bestande eben ein wesentliches

Moment, die Dispositionsbefugniss des contrahirenden Organs, und der Vertrag ist nichtig. Eine etwaige Bemühung des Regenten, denselben, wenn ihm nicht nachträgliche Genehmigung durch die competenten Organe zu Theil wird, mit allen Mitteln gleichwohl aufrecht zu erhalten, wie dies v. Rönne, Verfassungsrecht des deutschen Reiches S. 61 für nothwendig erachtet, wäre sogar als Verfassungsverletzung zu qualifiziren.

Zu Gunsten der entgegengesetzten Ansicht spricht nun allerdings ein Umstand, ein Opportunitätsgrund nemlich, der einer näheren Beleuchtung bedarf. Es ist dies die Einheit der Handlung im völkerrechtlichen Verkehre, welche bei der unbedingten Prärogative des Staatsoberhauptes zum Abschlusse von Staatsverträgen zur Geltung kommt. Es lässt sich natürlich keineswegs verkennen, dass in den wichtigsten Momenten des internationalen Verkehrs eine Mehrheit der handelnden Organe wegen der dabei in's Gewicht fallenden Nothwendigkeit raschen Entschliessens und Handelns von Nachtheil sein kann; darum ist wohl auch in fast allen Verfassungen, wenn es sich um Krieg und Frieden handelt, dem Staatsoberhaupte ganz freie Hand gelassen. Ob aber eine Ausdehnung dieser Freiheit auf alle völkerrechtlichen Verträge und Akte nicht noch weit schwerere Nachtheile für den Staat verursachen könnte, ist eine Frage, deren Berechtigung nicht zu bezweifeln ist. Genau besehen trifft aber der in dem eben angeführten Moment der nothwendigen Einheit beim völkerrechtlichen Handeln enthaltene Vorwurf unsere Ansicht gar nicht. Denn auch bei beschränkter Handlungsfähigkeit des Staatsoberhauptes ist gleichwohl Einheit der Aktion nach Aussen dadurch zu erzielen, dass der technisch fertige Entwurf vor der Ratifikation der Volksvertretung zur Genehmigung vorgelegt wird, da ja Verhandlung und Ratifikation in der landesherrlichen Competenz liegen.

Der Einwand aber, dass der Herrscher, welchem einerseits das freie Recht der Kriegsführung und Friedensschliessung zustehe, durch die anderseitige Beschränkung beim Abschlusse eines vielleicht ganz unwichtigen Vertrages in eine unwürdige Stellung gedrängt werde, welche von keiner Verfassung gewollt sein könne, ist ebenso wenig, wie der vorige

I. Abschnitt. Das zum Abschlusse competente Organ.

geeignet, den Satz zu entkräften, dass das Staatsoberhaupt den Staat nur insoweit verpflichten könne, als es mit Beachtung seiner verfassungsrechtlichen Beschränkungen handle. Denn dieser Satz ist nicht, wie die erwähnten Einwände, auf Nützlichkeitsrücksichten und politische Erwägungen gebaut, sondern als Norm des positiven Staatsrechts und als Consequenz des sogenannten Constitutionalismus aufgestellt. —

Nach dieser allgemeinen Auseinandersetzung ist nun das gewonnene Resultat auf die in den einzelnen Staaten bestehenden Verfassungsbestimmungen anzuwenden. Da es jedoch, wie später erhellen wird, auch für die Darstellung des bezüglich der völkerrechtlichen Verträge der Einzelstaaten geltenden Rechts von Wichtigkeit ist zu wissen, unter welchen Voraussetzungen ein gültiger Weise abgeschlossener Vertrag des Reiches vorliege, so ist eine kurze Beleuchtung der diesbezüglichen Bestimmungen der deutschen Reichsverfassung nicht zu umgehen.

Artikel 11 derselben, welcher die Competenzen für die Ausübung der völkerrechtlichen Funktionen regelt, lautet nun:

„Das Präsidium des Bundes steht dem Könige von Preussen „zu, welcher den Namen Deutscher Kaiser führt. Der Kaiser „hat das Reich völkerrechtlich zu vertreten, im Namen des „Reiches Krieg zu erklären und Frieden zu schliessen, Bünd„nisse und andere Verträge mit fremden Staaten einzugehen, „Gesandte zu beglaubigen und zu empfangen . . . . . .
. . . .
„Insoweit die Verträge mit fremden Staaten sich auf solche „Gegenstände beziehen, welche nach Artikel 4 in den Bereich „der Reichsgesetzgebung gehören, ist zu ihrem Abschlusse „die Zustimmung des Bundesraths und zu ihrer Gültigkeit „die Genehmigung des Reichstages erforderlich."

In diesen Worten sind also zwei Kategorieen von Verträgen gebildet, für welche verschiedenes Recht gilt, nemlich:

1) solche, die sich auf Gegenstände beziehen, welche nach Art. 4 [*]) in den Bereich der Reichsgesetzgebung gehören, und

---

[*]) S. hiezu das unmittelbar Folgende.

2) alle anderen Verträge, welche vom Reiche abgeschlossen werden können. Hiebei ist zu bemerken, dass aus den Worten des Art. 11 „Verträge mit fremden Staaten" keineswegs gefolgert werden darf, es sei damit ein Unterschied in der rechtlichen Behandlung der Verträge des Reiches mit deutschen und ausserdeutschen Staaten statuirt. Es geht dies aus den Consequenzen einer solchen Annahme mit Evidenz hervor, indem sonst der Kaiser bei den ersteren Verträgen einer Mitwirkung von Bundesrath und Reichstag niemals bedürfte, was der später zu entwickelnden ratio legis direkt zuwider wäre.

Es muss hier im Vorhinein auf einen weiteren redaktionellen Fehler des Art. 11 cit. hingewiesen werden; man könnte nemlich aus der Fassung desselben zu der Ansicht gelangen, als ob der Zustimmung von Bundesrath und Reichstag lediglich solche Verträge mit fremden Staaten bedürften, welche Gegenstände betreffen, die nach Art. 4 in den Bereich der Reichsgesetzgebung fallen, während andere, wenngleich deren Inhalt nach einer anderweiten Verfassungsbestimmung in den Bereich der Reichsgesetzgebung fiele — um nur des Art. 78 zu erwähnen — einer solchen Zustimmung nicht bedürften.

Dass dem aber nicht so sei, vielmehr eine extensive Interpretation im Sinne der zweiten Auffassung Platz greifen müsse, d. h., dass völkerrechtliche Verträge in allen Fällen, wenn sie Gegenstände betreffen, die in den Bereich der Reichsgesetzgebung fallen, der Mitwirkung von Bundesrath und Reichstag bedürfen, geht aus dem Gesammtinhalte der Reichsverfassung und aus der staatsrechtlichen Stellung und Aufgabe des Bundesrathes und Reichstages klar hervor und würde eine gegentheilige Auffassung den Art. 11 zu einer Quelle von Collisionen machen, indem dann völkerrechtlich und staatsrechtlich gültige Verträge gleichwohl undurchführbar werden könnten wegen eines zu erlassenden Gesetzes, welches übereinstimmende Beschlüsse des Bundesrathes und Reichstages erfordert.

Die sub Ziff. 1 genannten Verträge mit der eben begründeten Modifikation bedürfen also der Zustimmung des Bundesraths und der Genehmigung des Reichstages.

Es ist hier freilich fast Alles streitig, so insbesondere, ob die Worte „Zustimmung zum Abschlusse" und „Genehmigung zur Gültigkeit" eine verschiedene Art der Mitwirkung von Bundesrath und Reichstag statuiren, ob die Genehmigung des letzteren schon vor dem Abschlusse d. h. der Ratifikation ertheilt sein müsse, ferner ob die Mitwirkung der beiden Staatsorgane in allen Fällen erforderlich sei, in welchen die Gegenstände der Verträge unter eine der Nummern des Art. 4 fallen, oder nur dann, wenn bei deren interner Regelung eine Thätigkeit der gesetzgebenden Faktoren veranlasst werden müsste, so dass also eine Mitwirkung von Bundesrath und Reichstag nicht erforderlich wäre, wenn im Art. 4 genannte Gegenstände, soweit sie lediglich die Verordnungsgewalt in Bewegung setzten, durch völkerrechtliche Verträge normirt würden. Es würde jedoch zu weit führen und ist nicht Aufgabe dieser Abhandlung, die hier einschlagenden Streitfragen zu untersuchen und zu entscheiden.

Was die zur oben angeführten zweiten Kategorie gehörigen völkerrechtlichen Verträge betrifft, so ist zu deren gültigem Abschlusse verfassungsmässig der Kaiser allein berechtiget. Hieher gehören kraft positiver Bestimmung die Friedensschlüsse ohne Rücksicht auf ihren Inhalt, ferner der Natur der Sache nach Verträge, welche die äussere Politik betreffen; dazu kommen nach der richtigen Ansicht noch Verträge über solche Angelegenheiten, deren interne Regelung in der Verordnungsgewalt des Kaisers liegt. Damit ist jedoch noch nicht das ganze Gebiet dieser Kategorie erschöpft; es lassen sich vielmehr noch mannichfache Beziehungen des staatlichen und socialen Lebens denken, deren vertragsmässige Regelung nothwendig werden kann, ohne dass dieselben in den hauptsächlich durch Art. 4 bestimmten Bereich der Reichsgesetzgebung fallen. Bestimmend für deren Einreihung in die zweite Kategorie ist aber immer die Beantwortung der Frage, ob bei interner Regelung der concreten Verhältnisse lediglich die Verordnungsgewalt des Kaisers in Bewegung gesetzt werden müsste oder nicht. —

Nun zu den deutschen Einzelstaaten:

Diese zerfallen nach ihrer Verfassungsform in Monarchieen und Republiken; die ersteren sind mit Ausnahme der beiden mecklenburgischen Grossherzogthümer, welche noch altständisch gegliederte Landtage haben, modern constitutionelle; die Verfassung der Republiken ist eine repräsentative, insoferne als nicht das Volk in der Gesammtheit seiner einzelnen Glieder die Regierung unmittelbar ausübt, sondern diese einer Anzahl gewählter Vertreter übertragen hat.

Nach dieser verschiedenartigen Gestaltung der Verfassung ist auch die Beantwortung der Frage nach dem zum Abschlusse völkerrechtlicher Verträge competenten Staatsorgan verschieden. Denn wenn in den Monarchieen die Macht der Verhältnisse dazu geführt hat, dass den Repräsentanten des Volks ein nicht unbeträchtlicher Einfluss auf den Abschluss internationaler Verträge eingeräumt wurde, so ist hier doch wieder der Gesichtspunkt bestimmend, dass auch in der constitutionellen Monarchie principiell die höchste Gewalt im Staatshaupte concentrirt ist und die Rechte der Volksvertretung sich immer nur als Beschränkungen des Herrschers durch den Willen der Beherrschten darstellen; in den Republiken dagegen kann von einer Mitwirkung der Volks-Vertretung, von einer Beschränkung der höchsten Gewalt durch das Volk, die Beherrschten, naturgemäss nicht die Rede sein, denn die höchste Gewalt liegt eben ganz und voll in den Händen des Volks, welches nur die Ausübung derselben einer Anzahl von Vertrauenspersonen übertragen hat. Während daher in den Monarchieen das Staatsoberhaupt die Vermuthung der Berechtigung für sich hat, wogegen ein Beweis nur durch ausdrückliche beschränkende Verfassungsbestimmung geführt werden kann, ist eine solche Präsumtion bei den republikanischen Regierungsorganen nicht gegeben. —

Die drei deutschen Republiken Lübeck, Bremen und Hamburg haben die Ausübung der höchsten Gewalt einem Senate und der sogenannten Bürgerschaft übertragen, zwei Collegien von gesetzlich beschränkter Zahl gewählter Mitglieder*).

Diese beiden Collegien leiten jedoch in gleicher Weise ihre Rechte von den Bürgern des Staates ab und sind daher

---

*) Verfassung von Lübeck Art. 4, von Bremen § 3, von Hamburg Art. 6.

auch in gleichem Masse berechtigt, wenigstens qualitativ, so dass im Zweifel die Nothwendigkeit der Thätigkeit beider anzunehmen ist; auch ist der Senat nicht alleiniger Träger der Gewalt, die Bürgerschaft nicht beschränkendes Element, vielmehr beide Mandatare der sich selbst regierenden Bürger-Gesammtheit. Die Gesetzgebungsgewalt steht ihnen gemeinsam in der Weise zu, dass zum Zustandekommen eines Gesetzes übereinstimmender Beschluss beider Collegien erforderlich ist, beide zur Initiative, dagegen zur Verkündigung der Senat allein befugt ist, welchem auch die Verordnungsgewalt zusteht *).

Es würde sonach in getreuer Consequenz des dargestellten Verhältnisses auch übereinstimmender Beschluss dieser beiden Staatsorgane zu dem Zustandekommen völkerrechtlicher Verträge erforderlich sein und damit wäre auch die Darstellung dieser Lehre für die republikanischen Einzelstaaten des deutschen Reiches erschöpft. In der That ist aber dieser Grundsatz in den Verfassungen von Lübeck und Bremen durchbrochen, wesshalb eine gesonderte Behandlung des Vertragsrechtes der Republiken und der monarchisch regierten Staaten Platz greifen muss.

A. Monarchieen.

Nicht alle Verfassungen der monarchisch regierten deutschen Einzelstaaten enthalten über die Mitwirkung des Landtages bei Eingehung völkerrechtlicher Verträge Bestimmungen. Es ist daher zu untersuchen, ob und in wieweit dieser Umstand von Einfluss ist auf die Bestimmung des abschlussberechtigten Organs; es sind desshalb diejenigen Staatsverfassungen, welche für gewisse Verträge die Genehmigung der Volksvertretung erfordern, und diejenigen, welche keine diesbezügliche Beschränkung des Monarchen enthalten, gesondert zu beleuchten.

a) Staaten, deren Verfassung zum Abschluss gewisser Arten von Verträgen Genehmigung der Volksvertretung erfordert, sind:

---

*) Verf. von Hamburg Art. 61, von Lübeck Art. 50, 51; von Bremen § 56, 58.

Preussen[1]), Württemberg[2]), Oldenburg[3]), Braunschweig[4]), Sachsen-Coburg-Gotha[5]), Anhalt[6]), Schwarzburg-Rudolstadt[7]), Schwarzburg-Sondershausen[8]), Waldeck[9]), Reuss j. L.[10]); jedoch finden sich auch in den Verfassungen anderer deutscher Staaten Beschränkungen des Landesherrn nach dieser Richtung implicite ausgesprochen, wenn auch nicht unter specieller Hinweisung auf den Abschluss völkerrechtlicher Verträge.

Nach Materien geordnet gestalten sich diese Beschränkungen der völkerrechtlichen Handlungsfähigkeit des Monarchen in der Weise, dass die Zustimmung der Volksvertretung erfordert wird, wenn es sich um Verträge handelt, welche

1) dem Staate Lasten oder einzelnen Staatsbürgern Verbindlichkeiten auferlegen[11]); so in Preussen (Art. 48), Württemberg (§ 85 Z. 2), Sachsen-Coburg-Gotha (§ 128 Abs. 2), Schwarzburg-Sondershausen (§ 42), Reuss j. L. (§ 70). Die Fassung dieser Bestimmungen ist aber nichts weniger als präcise, indem sich unter dieselbe wohl alle völkerrechtlichen Verträge einreihen lassen; denn sogenannte wohlthätige Verträge sind dem Völkerrechte fremd, daher alle Verträge „lästige" im Sinne des Privatrechtes sind.

Dass aber diese weitumfassende Bedeutung der Worte „Lasten" und „Verpflichtungen" nicht gemeint sei, geht nicht

---

1) Verfassung Art. 48.
2) Verfassung § 85.
3) Staatsgrundgesetz Art. 6.
4) Landschafts-Ordnung Art. 6.
5) Staatsgrundgesetz § 128.
6) Landschafts-Ordnung § 19.
7) Grundgesetz § 31.
8) Grundgesetz § 42.
9) Verfassung § 11.
10) Staatsgrundgesetz §§ 69, 70.
NB.! Die Verfassung von Schaumburg-Lippe von 1868 war weder in Bibliotheken, noch im Buchhandel erhältlich und kann desshalb nicht citirt werden.
11) Es wird in der Folge dem Namen der einzelnen Staaten der betr. Artikel des Staatsgrundgesetzes im Texte in Klammern einfach beigesetzt werden.

nur hieraus hervor, sondern es ist dies insbesondere auch aus dem Art. 48 der preussischen Verfassung zu ersehen. Denn dort ist ein Unterschied hinsichtlich der rechtlichen Behandlung statuirt zwischen den Friedensverträgen einerseits und den Handelsverträgen sowie solchen Verträgen andererseits, welche dem Staate Lasten oder den Bürgern Verpflichtungen auferlegen; es können sonach unter den letztgenannten nicht alle völkerrechtlichen Verträge gemeint sein, sondern nur eine bestimmte Gruppe. Deren Begrenzung ergiebt sich aber aus der ratio legis, welche keine andere sein kann als die Absicht, die verfassungsmässigen Rechte der Volksvertretung hinsichtlich der Zustimmung zu Gesetzen und der Controle des Staatshaushaltes zu wahren. Es sind also unter „Lasten" nur solche zu verstehen, welche Gegenstand eines Finanzgesetzes oder einer Budgetbewilligung sind, und unter „Verflichtungen" der Staatsbürger nur solche, die nach der Verfassung lediglich durch ein Gesetz auferlegt werden dürfen *).

2) Wenn den „Unterthanen" besondere neue Lasten auferlegt werden sollen, erfordert die Verfassung von Oldenburg (Art. 6c) und die Landschafts-Ordnung von Anhalt (§ 19) gleichfalls die Zustimmung der Stände. Auch hier gilt das Gleiche, wie für die sub 1 genannten Staaten bezüglich der Interpretation des Wortes „Lasten".

3) Gleiches ist der Fall in Preussen (Art. 48) und Württemberg (§ 85 Z. 5), wenn die Verträge Handelsverträge sind, in Oldenburg auch bei Schifffahrtsverträgen (Art. 6b). Auch hier ergiebt sich eine Schwierigkeit bei der Interpretation in soferne, als unter Handels- und Schifffahrtsverträgen Verträge der mannichfachsten Art inbegriffen werden können, wenn sich nur der Inhalt derselben mittelbar wenigstens auf Handel und Verkehr bezieht. Daraus entsteht, wie bei den unter 1 und 2 genannten Verträgen die Misslichkeit, dass die Volksvertretung in der Lage ist, ihr Zustimmungsrecht in einer von der Verfassung nicht gewollten Ausdehnung in An-

---

1) cf. Gneist, Gutachten über die Auslegung des § 48 der preuss. Verfassungs-Urkunde (Anl. A zum 5. Bericht der Commission für Petitionen. Haus der Abgeordneten II. Session 1868).

spruch zu nehmen und dass nebenher auch die völkerrechtlichen Verhältnisse durch die wechselnden Partheiverhältnisse im parlamentarischen Leben wesentlich beeinflusst werden können; eine authentische Interpretation der beiden Ausdrücke liegt aber nirgends vor.

In der württembergischen und oldenburgischen Verfassung ist zwar der weitgehendsten Interpretation eine Schranke dadurch gesetzt, dass in jener der Zusatz „welcher eine neue gesetzliche Einrichtung zur Folge hätte" und in dieser „wenn sie nicht einfache Gegenseitigkeitsverträge sind" beigefügt ist. Was freilich der letztere Ausdruck bedeuten solle, ist nicht klar, da der Fall, dass ein Staat dem anderen Vortheile im Handelsverkehr einräumt, ohne sich eben dieselben von diesem versprechen zu lassen, kaum bei anderen als Friedensverträgen nach einem für den begünstigten Staat siegreichen Kriege vorkommen wird. Jedenfalls aber liegt den angeführten Worten die Absicht zu Grunde, der Volksvertretung auf dem Gebiete der völkerrechtlichen Staatsakte den gleichen Einfluss zu wahren, welchen sie im inneren Staatsleben auf dem Gebiete der Gesetzgebung und Bewilligung von Geldmitteln für Staatszwecke innehat. Dies zeigt sich deutlich, wenn man auf die Veranlassung zur Aufnahme dieser beschränkenden Bestimmungen in die Verfassungen zurückgeht. Es hatten nemlich diese Handels- und Schifffahrtverträge durch das Verhältniss der Einzelstaaten zum Zollverein eine anomale Bedeutung gewonnen insoferne, als zahlreiche Angelegenheiten wichtiger Natur, welche sonst zur Gesetzgebung und Feststellung des Staatshaushaltes gehören, zu Gegenständen völkerrechtlicher Verträge geworden waren, da der Zollverein Gesetzgebungsgewalt nicht besass.

Es war also bei diesen Verhältnissen der Volksvertretung ein guter Theil ihrer Befugnisse entzogen; um nun dieses Missverhältniss und einen möglicherweise daraus entstehenden Conflikt zwischen Gesetzgebung und Besteuerung zu verhüten, beziehungsweise zu beseitigen, kam es bei Neugestaltung der Verfassungen zur Aufnahme der angegebenen Bestimmungen, wonach fernerhin der Volksvertretung die Ausübung ihrer Rechte nicht mehr geschmälert werden konnte.

Für Württemberg ist nun die eine Seite der Funktion

des Landtags — Mitwirkung bei der Gesetzgebung —, für Oldenburg offenbar die andere — Budgetbewilligung — beim Abschlusse von Handels- und beziehungsweise Schifffahrtsverträgen aufrecht erhalten. Es ist darum auch die Bestimmung der preussischen Verfassung dahin zu erläutern, dass hier unter Handelsverträgen nur diejenigen zu verstehen seien, deren Inhalt entweder die Erlassung neuer, Aenderung oder Aufhebung bestehender Gesetze oder eine finanzielle Bewilligung nothwendig macht; für alle anderen Handels- etc. Verträge ist aus dem Grunde, worauf das Mitwirkungsrecht der Volksvertretung beim Abschlusse völkerrechtlicher Verträge überhaupt beruht, keine Veranlassung zu finden, dieses Recht für dieselbe in Anspruch zu nehmen.

4) Nach den Verfassungen von Württemberg (§ 85 Z. 3), Sachsen-Coburg-Gotha (§ 128 Abs. 2), Braunschweig (§ 8), Oldenburg (Art. 6ᵃ) und Reuss j. L. (§ 70) findet eine Mitwirkung der Volksvertretung Statt, wenn ein Landesgesetz abgeändert oder aufgehoben werden muss in Folge des Vertrages.

5) In Württemberg (§ 85 Z. 4) und Reuss j. L. (§ 70) dann, wenn eine Verpflichtung übernommen werden soll, welche den Rechten der Staatsbürger Eintrag thun würde. Auch ohne diese Bestimmung würde übrigens der Landesherr, weil die Rechte der Staatsbürger auf der Verfassung beruhen, sohin in Folge des Vertrages eine Aenderung dieser nothwendig würde, gezwungen sein, die Zustimmung der Volksvertretung vor Abschluss des Vertrages einzuholen, um sich die Möglichkeit der Durchführung desselben zu sichern.

6) Bei Veräusserungen von Staatseigenthum ist die Genehmigung der Volksvertretung erforderlich in Württemberg (§ 85 Z. 1), Schwarzburg-Sondershausen (§ 53) und Reuss j. L. (§ 70), sowie bei Veräusserung von Theilen des Staatsgebiets in Sachsen (§ 2), Württemberg (§ 85 Z. 1), Sachsen-Weimar (§ 4 Z. 7), Oldenburg (Art. 3 § 1), Braunschweig (§ 1), Sachsen-Altenburg (§ 2), Anhalt (§ 19), Schwarzburg-Rudolstadt (§ 31), Schwarzburg-Sondershausen (§ 53), Waldeck (§ 2), Reuss ä. L. (§ 2). Ausser den genannten Staaten, deren Verfassungen ausdrückliche Bestimmungen enthalten, ist noch in anderen bei Veräusserungen von Staatsgebiet eine

Mitwirkung der Volksvertretung nothwendig, wenngleich dies nicht ausdrücklich ausgesprochen ist. In Preussen (§§ 1 und 2) und in Reuss j. L. (§ 4) können nemlich Gebietsänderungen nur auf Grund eines Gesetzes vorgenommen werden und in Sachsen Coburg-Gotha (§ 113) sind dieselben als Verfassungsänderungen erklärt.

Grenzberichtigungen, soferne dabei kein Unterthan abgetreten wird, sind hievon ausgenommen in Sachsen (§ 2), Sachsen-Weimar (§ 4 Z. 7), Oldenburg (Art. 3 § 2), Schwarzburg-Rudolstadt (§ 31), Waldeck (§ 2), Reuss j. L. (§ 4); Grenzberichtigungen schlechthin und Gebietsvertauschungen sind an die Genehmigung der Kammern nicht gebunden in Braunschweig (§ 1), Schwarzburg-Sondershausen (§ 53) und Anhalt (§ 19); in Oldenburg ist aber auch eine Grenzberichtigung an die Genehmigung des Landtags gebunden, wenn dabei Staatsgut aufgegeben oder Gemeinde - oder Privatgrundstücke wider Willen der Besitzer abgetreten werden sollen (Art. 3 § 2). In Baden (§ 3), Sachsen-Meiningen (§ 2) und Sachsen-Altenburg (§ 2) ist das Staatsgebiet als unveräusserlich bezeichnet, ohne dass die Eventualität einer nothwendigen Gebietsabtretung in's Auge gefasst worden wäre; in einem solchen Falle wird daher vor Anknüpfung dahin gehender Unterhandlungen eine Aenderung der Verfassung zu veranlassen sein; in Bayern ist das Staatsgebiet nur veräusserlich durch den Monarchen, wenn er darüber nach dem Zwecke und der Wohlfahrt des Staates innerhalb der Grenzen seines Regierungsrechts verfügt, und bei Grenzberichtigungen (Tit. III § 6 Z. 1 u. 2); eine Mitwirkung der Volksvertretung findet nicht Statt. Gebietserwerbungen bedürfen der Genehmigung der Volksvertretung nur in Preussen (§ 1 und 2) und in Reuss j. L. (§ 4), wo sie ein Gesetz erfordern, und in Sachsen-Coburg-Gotha (§ 113), weil sie hier als Verfassungsänderungen gelten. In wieweit aber den deutschen Einzelstaaten überhaupt das Recht zusteht, in ihrer Gebietsgestaltung Aenderungen vorzunehmen auf dem Wege des Vertrages, wird bei Darstellung des Umfanges ihrer Vertragschliessungs-Competenz zu untersuchen sein.

7) In Oldenburg (Art. 3 § 1) ist die Zustimmung des Landtages erforderlich bei Veräusserung eines Rechtes des

Staats oder des Staatsoberhauptes, in Reuss ä. L. (§ 2) bei Veräusserung eines Regierungsrechtes des Fürsten.

8) Es ist endlich noch einer Bestimmung der oldenburgischen Verfassung (Art. 6ᵃ) Erwähnung zu thun, welche verfügt, dass der Landtag in allen Fällen der Vertragschliessung mitwirken müsse, wenn es sich um einen Gegenstand handelt, über welchen ohne seine Zustimmung verfassungsmässig Anordnungen nicht getroffen werden dürfen. Damit ist der Spielraum des selbstständigen Vertragschliessungsrechtes des Grossherzogs auch für die durch die sonstigen Verfassungsbestimmungen (Art. 3 § 1; Art. 6ᵇ und 6ᶜ) seiner Disposition überlassenen Gegenstände gesetzlich auf die Sphäre des Verordnungsrechtes beschränkt, d. h. auf die zur Ausführung bestehender Gesetze erforderlichen Normen (Art. 137); das sogenannte Nothverordnungsrecht gibt aber nicht die Befugniss zur unbeschränkten Vertragschliessung in den für dasselbe vorausgesetzten Fällen [s. S. 50]. —

Damit sind die einzelnen Fälle der Beschränkung der völkerrechtlichen Handlungsfähigkeit des Monarchen, soweit sie in den Verfassungen ausgesprochen sind, erschöpft; es ist nun deren Wirkung darzulegen.

Es sind aber hier der Möglichkeiten nur zwei, nemlich entweder dass die Mitwirkung der Volksvertretung d. h. ihre Zustimmung schon vor der Ratifikation erfolgen muss, oder erst nach derselben zur Ausführung des Vertrages. Was aber hievon Rechtens sein solle, darüber enthalten nur sehr wenige Verfassungen klare Bestimmungen.

In Schwarzburg-Rudolstadt ist nach § 31 des Staatsgrundgesetzes die Zustimmung der Volksvertretung lediglich zur Ausführung erfordert und nur, wenn es sich um Abtretung von Gebietstheilen handelt, wobei Unterthanen aus dem Staatsverbande scheiden; für alle anderen Verträge ist eine Mitwirkung der Volksvertretung nicht vorgeschrieben; es ist aber nicht abzusehen, in welcher Weise der Fürst einen Vertrag zur Ausführung bringen könnte, wenn dieser den Erlass eines Gesetzes oder Belastung der Staatsbürger erfordern würde, für welche Fälle § 23 allgemein eine Mitwirkung des Landtags statuirt. Aber noch mehr; der Fürst wird vielmehr in jedem einzelnen der bezeichneten Fälle, um sich der Möglichkeit der Ausführung zu versichern, schon vor dem Abschlusse des Vertrages die Zustimmung der Volksvertretung einholen müssen trotz der scheinbar so liberalen Bestimmung des § 13; die nähere Begründung hievon später.

Die Verfassungen von Preussen (§ 48) und Waldeck (§ 11) sprechen von einer „Zustimmung zur Gültigkeit". Daraus ergibt sich, dass ein Vertrag so lange ungültig ist, bis ihm die geforderte Zustimmung zu Theil geworden, dass also bis zu diesem Zeitpunkte weder Rechte des anderen Contrahenten noch Verpflichtungen des abschliessenden Staates (Preussen, Waldeck) aus dem Vertrage hergeleitet werden können. Will daher ein gültiger Vertrag geschlossen werden, so ist die Zustimmung der Volksvertretung schon vor der Ratifikation zu erholen. Selbst wenn man mit Gneist und v. Rönne annehmen wollte, dass durch die betreffende Verfassungsnorm nicht die völkerrechtliche, sondern nur die staatsrechtliche Gültigkeit bedingt sei, also die Zustimmung der Volksvertretung erst zur Ausführung erfordert werde, würde man doch indirekt zu dem gleichen Resultate kommen; denn wenn auch theoretisch ein Unterschied besteht zwischen einem nichtigen und einem zwar gültig geschlossenen Vertrage, der aber wegen der Unmöglichkeit der Erlangung der zur Ausführung erforderlichen Genehmigung der Volksvertretung undurchführbar ist, so ist doch in der Praxis in beiden Fällen der Effekt der gleiche, nemlich keiner. Nun haben aber, wie oben zu erweisen versucht wurde, staatsrechtliche Beschränkungen des Herrschers auch völkerrechtliche Bedeutung, insoferne sie sich als Dispositionsbeschränkungen darstellen, und in dem concreten Falle geht eben das Verfügungsrecht selbst nach Ansicht der beiden genannten Gelehrten nur bis zur Ausführung. Es müsste daher in jeden einschlägigen Vertrag, wollte man sich nicht dolus zu Schulden kommen lassen, die Klausel aufgenommen werden, dass die Ausführung von der Zustimmung der Volksvertretung abhängig sei. Dies aber würde ein Zustandekommen des Vertrags sehr erschweren. Es muss daher bezüglich der genannten beiden Staaten behauptet werden, die in Rede stehende Verfassungsbestimmung sei dahin auszulegen, dass schon vor der Ratifikation derjenigen Verträge, welche eine Zustimmung der Volksvertretung erheischen, diese erholt werden müsse. Dieses Erforderniss ist auch in den Verfassungen von Reuss j. L. (§ 70) und Anhalt (§ 19) präcise ausgesprochen, während alle übrigen, soweit sie überhaupt bezügliche Anordnungen enthalten, nur von einer Zustimmung schlechthin sprechen, ohne bezüglich des Zeitpunktes derselben zu verfügen.

Es würde für diese letzteren Staaten nun allerdings ebensowohl die eine als die andere Möglichkeit hinsichtlich des Zeitpunktes der Zustimmung angenommen werden können, wenn nicht triftige Gründe praktischer Natur dafür sprächen, dass die Zustimmung der Volksvertretung immer schon vor Abschluss des Vertrages eingeholt werden müsse. Diese Gründe nun liegen darin, dass wenn man erst zu der Ausführung jene Mitwirkung erfordert, sich nach perfektem Abschlusse eines Vertrags unlösbare Conflikte zwischen den Pflichten des Staatsoberhauptes aus dem Vertrage gegenüber dem Mitcontrahenten und seinem Lande gegenüber aus der Verfassung ergeben können, wenn die geforderte Genehmigung nicht zu erlangen ist. Denn dann liegt ein gültiger Vertrag vor, der aus staatsrechtlichen Gründen nie zur Durchführung gelangen kann. Einer derartigen Eventualität sich auszusetzen, ist aber für den Herrscher wegen der weittragenden Folgen kein geringes Wagniss und zwingt ihm im günstigsten Falle eine Reihe misslicher Auseinandersetzungen mit dem anderen contrahirenden Staate auf zur Lösung des Vertrages, ganz abgesehen davon, dass hiedurch die Neigung zum künftigen Abschlusse von Verträgen bei anderen Staaten erheblich gemindert, auch das Ansehen der Handlungen des Regenten gewiss nicht erhöht wird.

Es wird sich daher immer, da der Fürst nicht Verpflichtungen übernehmen kann, deren Einhaltung ausser seiner Macht liegt, für ihn die freilich nur politische Pflicht — wofern diese nicht schon in der Verfassung ausgesprochen ist — ergeben, die Zustimmung der Volksvertretung schon vor der Ratifikation der Verträge, welche dieser überhaupt bedürfen, einzuholen und dies gilt also insbesondere von jenen Staaten, welche bezüglich des Zeitpunktes der Mitwirkung der Volksvertretung keine Verfassungsbestimmungen haben.

Es ist nun noch von einer zweiten Staatengruppe zu sprechen, nemlich

b) von denjenigen, in welchen das Erforderniss einer Zustimmung der Volksvertretung zum Abschlusse von völkerrechtlichen Verträgen gesetzlich nicht ausgesprochen ist.

Von dieser Gruppe sind zunächst jene Staaten auszuscheiden, deren Grundgesetze zwar nicht für den speciellen Fall eines Vertrags eine solche Beschränkung des Landesherrn enthalten, aber doch gewisse Handlungen desselben an die Genehmigung der Volksvertretung allgemein binden und somit auch implicite dessen Vertragschliessungsbefugniss einengen, wenn dabei eine solche Handlung in Frage kommt. Dies ist der Fall bei Veräusserung von Gebietstheilen und Staatseigenthum und sind die bezüglichen Bestimmungen in Abtheilung A a sub Ziff. 6 angeführt worden.

In den Verfassungen von Bayern, Baden, Hessen, Sachsen-Meiningen und Altenburg, sowie den beiden Mecklenburg'schen Grossherzogthümern findet sich aber überhaupt keine Beschränkung des Landesherrn, welche für das Vertragsrecht in Betracht kommen könnte. Es müsste sohin für die Oberhäupter dieser Staaten nach dem Grundsatze, dass deren Machtvollkommenheit nicht weiter eingeschränkt ist, als ausdrückliche Gesetze dies anordnen, ein unbeschränktes Vertragschliessungsrecht angenommen werden. Aber auch hier macht sich die Erwägung geltend, dass die Ausführung mancher Verträge eine Mitwirkung der Volksvertretung, in Mecklenburg der Ritterschaft und Landschaft, nothwendig macht, nemlich wenn es sich um Bewilligung von Geldmitteln handelt und wenn der Inhalt des auszuführenden Vertrages die legislatorische Thätigkeit in Bewegung zu setzen hat. Dann wird sich auch in diesen Staaten die Nothwendigkeit unabwendbar zeigen, eine Einwilligung der Stände einzuholen, um die schon mehrfach geschilderte Möglichkeit einer Collision der Pflichten des Staatsoberhauptes nach Innen und Aussen zu vermeiden. Um aber dies zu erreichen, ist er gezwungen, schon vor dem definitiven Abschlusse, wenigstens bei wichtigeren Angelegenheiten, für welche er der Einwilligung seiner Stände nicht sicher ist, sich an diese zu wenden, um aus deren Geneigtheit eine Richtschnur für seine beabsichtigten

Vereinbarungen zu gewinnen. In Mecklenburg tritt nach § 198/199 des landesgrundgesetzlichen Erbvergleiches vom 18. April 1755 diese Nothwendigkeit nur ein, wenn die Rechte der Ritter- und Landschaft beeinträchtigt oder diesen Lasten auferlegt werden sollen.

Es wird aber hier ausdrücklich hervorgehoben, dass diese Verpflichtung des Staatsoberhauptes in den letztgenannten Staaten keine rechtliche, sondern lediglich eine politische ist, sonach eine Verletzung derselben nicht den Thatbestand einer Verfassungsverletzung bilden kann.

B. Die Republiken.

1) Hamburg bewahrt den republikanischen Charakter der Verfassung auch in Bezug auf Verträge rein, indem für den Abschluss derselben schlechthin übereinstimmender Beschluss von Senat und Bürgerschaft vor der Ratifikation gefordert wird (Art. 22).

2) Lübeck nähert sich in den Bestimmungen über den Abschluss von Staatsverträgen den in constitutionell-monarchischen Staaten geltenden Grundsätzen von dem Mitwirkungsrechte der Volksvertretung. Es kann in Lübeck naturgemäss freilich nicht die Rede sein von einer Volksvertretung, als gewaltbeschränkendem Momente für den Senat, der ja seinerseits Nichts Anderes ist, als der Repräsentant des Volkes. Es ist aber dennoch von der Konsequenz dieses Verhältnisses abgegangen und in Bezug auf Vertragsschluss mit anderen Staaten dem Senate eine ganz ähnliche Stellung eingeräumt worden, wie sie in den Monarchieen dem Regenten zusteht, indem er nur für gewisse Arten von Verträgen der Genehmigung durch die Bürgerschaft bedarf.

Dies ist aber der Fall nach Art. 50 der Verfassung bei Verträgen, welche den Handel und die Schifffahrt oder einen derjenigen Gegenstände betreffen, welche der Mitgenehmigung der Bürgerschaft bei sonstigen Regierungsakten unterliegen, wozu namentlich Verfassungsänderungen, Erwerb und Veräusserung von Hoheitsrechten, Gesetzgebung überhaupt und Erlassung von Verordnungen in Handelssachen, Einführung neuer und Aenderung bestehender Abgaben aller Art, Gestattung der Ausübung des Gottesdienstes an noch nicht zugelassene Religionsgesellschaften und Ertheilung von Privilegien gehört. Bezüglich der Handelsverträge findet hier jedoch eine einschränkende Interpretation nicht Statt, wie für die diesbezüglichen Bestimmungen der preussischen, württembergischen und oldenburgischen Verfassung. Denn in die letzteren fanden jene Eingang wegen der durch den Zollverein hervorgerufenen Häufigkeit und Ausdehnung der Handelsverträge, welche ohne eine diesbezügliche Verfassungsbestimmung zu einer Schmälerung der verfassungsmässigen Rechte der Volksvertretung auf Mitwirkung bei Regierungshandlungen geführt hätten; in Lübeck aber kann von einer Sicherung der Rechte der Volksvertretung, von einer Geltendmachung der Interessen des Volkes gegenüber dem Herrscher nicht die Rede sein.

Es möge aber hier, auch mit Beziehung auf die oben besprochene Auslegung des Begriffes „Handelsverträge" bemerkt werden, dass auf diesem Gebiete den Einzelstaaten ein verschwindend kleines Vertragschliessungsrecht geblieben ist, worüber Näheres im folgenden Abschnitte.

3) Auch in Bremen ist das Verhältniss gleichartig wie in Lübeck, indem durch Art. 58ª der Verfassung gemeinschaftliche Wirksamkeit des Senates und der Bürgerschaft nur vorgeschrieben ist für Verträge, deren Inhalt Gegenstände betrifft, über welche dem Senat allein keine Verfügung zusteht; diese sind aber: Erlassung, authentische Auslegung, Aenderung oder Aufhebung von Gesetzen, Feststellung der Grundsätze der Communalverfassungen, allgemeine Bestimmungen über das Gewerbewesen, Privilegien, Monopole, Schule und Bildungswesen, Abgaben, Verwaltung und Verwendung des Staatsvermögens, Erwerb und Veräusserung von Staatsgütern und Benützung des Staatskredits, sowie auch noch einige für Verträge kaum in Betracht kommende Gegenstände staatlicher Thätigkeit. Es bleiben daher immerhin der freien Vereinbarung durch die Senate von Lübeck und Bremen in eigener Competenz nicht wenige Verträge überlassen, so namentlich alle, deren Inhalt durch Verordnungen geregelt werden kann, in Lübeck mit Ausnahme der Handelsverträge.

Was den Zeitpunkt betrifft, in welchem bei Verhandlungen die geforderte Genehmigung der Bürgerschaft erholt werden muss, so deuten hier schon die gebrauchten Worte „Mitgenehmigung" und „Gegenstand gemeinschaftlicher Wirksamkeit" darauf hin, dass diese vor dem Abschlusse der Verträge erfolgen muss; dieselben werden von beiden Regierungsfaktoren gleichzeitig — wenn auch nicht im strengsten Sinne des Wortes — genehmigt und es verhält sich nicht so, dass der Senat den Vertrag abschliesst und die Bürgerschaft ihn genehmigt, sondern so, dass beide zusammen den durch Beauftragte des Staates geführten Unterhandlungen und deren Resultat ihre Genehmigung ertheilen, wobei freilich nach Aussen nur der Senat erscheint.

II. Abschnitt.

Umfang des Vertragschliessungsrechtes.

Die Frage, ob und in wieweit den deutschen Einzelstaaten die Befugniss zum Abschlusse völkerrechtlicher Verträge zusteht, ist lediglich nach der Reichsverfassung zu beantworten; in dieser aber findet sich eine ausdrückliche Erwähnung dieses Rechtes nur bezüglich Bayern's und Württemberg's für Post- und Telegraphenverträge (Art. 52 Abs. 3), eine Bestimmung, welche ein Sonderrecht dieser beiden Staaten statuirt. Hieraus darf jedoch, wie schon in der Einleitung kurz bemerkt, keineswegs per argumentum e contrario geschlossen werden, dass die Einzelstaaten die Befugniss zum Abschlusse völkerrechtlicher Verträge überhaupt nicht mehr besitzen. Die durch die bezeichnete Verfassungsbestimmung den genannten beiden Staaten eingeräumte Befugniss ist allerdings ein Privilegium, aber nur desshalb, weil auf dem Gebiete des Post- und Telegraphenwesens die Einzelstaaten überhaupt nicht mehr mit ausserdeutschen Staaten irgendwelche Verträge eingehen können. cf. S. 31. Dass aber im Uebrigen denselben die Befugniss zum Abschlusse völkerrechtlicher Verträge zusteht, geht daraus hervor, dass einerseits das deutsche Reich kein Einheitsstaat ist, also auch keinen sachlich unbegrenzten Wirkungskreis hat, andererseits auch nicht beabsichtigt ist, den Gliederstaaten jegliche völkerrechtliche Handlungsfähigkeit zu benehmen, da ihnen ausdrücklich das Recht eingeräumt ist, Gesandte zu beglaubigen und zu empfangen, sowie fremde Consuln auf ihrem Gebiete zuzulassen. In der That steht denn auch den Einzelstaaten noch ein ziemlich beträchtliches und wichtiges Recht zum Abschlusse völkerrechtlicher Verträge zu.

II. Abschnitt. Umfang des Vertragschliessungsrechtes. 29

Es ist aber bei einer Untersuchung über den Umfang
ihrer diesbezüglichen Competenz principiell davon auszugehen,
dass bei der Gründung des Reiches die ganze Machtvollkommenheit der Einzelstaaten für die Competenzvertheilung zwischen ihnen und dem Reiche den Ausgangspunkt gebildet hat
und dass die Befugnisse des Reiches nur als Beschränkungen
der Macht der Einzelstaaten anzusehen sind. Es spricht also
die Vermuthung bei einem Competenzstreite für die Berechtigung der Einzelstaaten und kann diese nur durch Beweis
des Gegentheils gebrochen werden; das Reich also muss seine
Competenz in jedem einzelnen Falle auf eine Verfassungsbestimmung gründen und was ihm an Befugnissen durch
solche nicht ausdrücklich zugewiesen ist oder als nothwendig
aus dem Sinne des Grundgesetzes und der Natur des Bundesstaates hervorgehend zugetheilt werden muss, das liegt in
der Macht der Einzelstaaten. Es sind desshalb hier die diesbezüglichen Bestimmungen der deutschen Reichsverfassung
anzuführen.

Ausdrücklich sind nun der Competenz des Reiches die
Gegenstände des Art. 4 zugewiesen mit wenigen in den
Ziffern 1, 8 und 10 dieses Artikels enthaltenen Ausnahmen;
ausserdem ist aber das Reich auch allein berechtigt, bei Ordnung rein auswärtiger Angelegenheiten, also namentlich in
Fragen der Politik selbstständig zu handeln und zu verhandeln und können die Einzelstaaten auf diesem Gebiete ihren
Einfluss nur eventuell im Bundesrathsausschuss für auswärtige Angelegenheiten zur Geltung bringen.

Es ist zwar dieser letzterwähnte Satz von der ausschliesslichen Competenz des Reiches in rein auswärtigen Angelegenheiten in der Verfassung nicht ausdrücklich ausgesprochen;
jedoch muss derselbe als selbstverständlich aus der Natur
des Bundesstaatsverhältnisses und aus dem ausschliesslichen
Kriegführungsrecht des Reiches gefolgert werden. Nimmermehr kann es angehen, dass Einzelstaaten die Wege der
Reichspolitik kreuzen, ja vielleicht durch ihre eigene Verwickelung in auswärtige Angelegenheiten dem Reiche die
Nothwendigkeit eines Krieges aufdrängen. Eine Sonderpolitik
der Einzelstaaten ist als absolut ausgeschlossen anzusehen.
Zu den auswärtigen Angelegenheiten sind nun aber keines-

wegs blos die politischen zu rechnen, sondern es gehört dazu Alles, was dem Reiche verfassungsmässig nach Aussen vorzukehren obliegt, so insbesondere Schutz aller Deutschen im Auslande (Art. 3 Abs. 6 der Reichsverf.).

Bezüglich aller übrigen Angelegenheiten fehlt dem Reiche die Competenz zum Abschlusse völkerrechtlicher Verträge. Es ist auch nicht zulässig, aus den im Eingange zur Reichsverfassung bezeichneten Zwecken des Reiches — Schutz des Bundesgebiets und des innerhalb desselben geltenden Rechtes, sowie Pflege der Wohlfahrt des deutschen Volkes — ein weiter gehendes Vertragschliessungsrecht abzuleiten, wie dies Gorius a. a. O. (Hirth's Annalen 1875 S. 544) will. Denn was sich das Reich von der Thätigkeit zur Verfolgung dieser Zwecke als seine Aufgabe setzen wollte, ist eben in Artikel 4 und den weiteren ausführenden Artikeln der Reichsverfassung aufgezählt. Wollte man aber aus den Worten „Pflege der Wohlfahrt des deutschen Volkes" ein solches Recht ableiten, so würde hiedurch die Vertragschliessungscompetenz des Reiches eine unbegrenzte werden, denn unter diesen Begriff lassen sich eben alle Gebiete der staatlichen Thätigkeit subsumiren; gerade hier aber ist in der Verfassung mancher wichtige Zweig unberührt geblieben, um nur die Pflege der Kunst und Wissenschaft und des Unterrichtswesens überhaupt, die Ordnung der kirchlich-staatlichen Verhältnisse zu nennen. Was aber ungenannt geblieben ist bei Bestimmung der Reichscompetenz, gehört in die der Einzelstaaten sowohl bezüglich der Gesetzgebung als auch der Vertragschliessung. Bei Bestimmung des Umfanges der Vertragschliessungsbefugniss der Einzelstaaten sind aber besonders zu berücksichtigen die Exemtionen von der Reichsgewalt als sogenannte Sonderrechte einzelner Staaten, welche diesen gegenüber den übrigen Reichsgliedern erweiterte Rechte auch auf dem Gebiete der Vertragschliessung einräumen. Es werden daher die Rechte der Einzelstaaten auf diesem Gebiete überhaupt und die der privilegirten gesondert zu betrachten sein.

I. Die Rechte der Einzelstaaten überhaupt.

Der Umfang des Vertragschliessungsrechtes der deutschen Einzelstaaten kann, wie schon erwähnt, nur im Zusammen-

II. Abschnitt. Umfang des Vertragschliessungsrechtes.

halte mit den bezüglich des Reiches geltenden Rechtssätzen und wird am besten in negativer Weise dargestellt werden durch Ausscheidung derjenigen Materien, für welche ihnen ein solches Recht nicht zusteht.

a) **Ausgeschlossen** ist aber die Vertragschliessungsbefugniss der Einzelstaaten auf dem Gebiete der rein auswärtigen Angelegenheiten in dem oben beschriebenen Umfange, ferner für diejenigen Gegenstände, hinsichtlich welcher dem Reiche sowohl Gesetzgebung als auch Vollzug der Gesetze und zwar beide in ausschliesslicher Weise zustehen, nemlich für das Marine- und Consulatwesen [1]) mit Ausnahme der Zulassung fremder Consuln in deutschen Partikularstaaten, welch' letztere denselben frei steht.

Nach Ausscheidung dieser Gebiete bleibt eine Reihe von solchen übrig, bezüglich welcher ein Vertragschliessungsrecht den Einzelstaaten zwar zusteht, jedoch eingeschränkt in mehrfacher Richtung:

b) **Beschränkt** ist aber dieses Recht und zwar am Meisten bezüglich derjenigen Gegenstände, deren gesetzliche Regelung sich das Reich zwar ausschliesslich vorbehalten hat, ohne jedoch auch den Vollzug der hierüber erlassenen Gesetze an sich zu nehmen. Dies ist der Fall beim Post- und Telegraphenwesen [2]), beim Zollwesen und der Besteuerung des im Inlande erzeugten Tabackes und Salzes, Branntweins und Bieres, des aus Rüben und anderen inländischen Produkten erzeugten Zuckers und Syrups und der hiefür erforderlichen Sicherungsmassregeln [3]) mit einer Ausnahme zu Gunsten von Bayern, Württemberg und Baden [4]), dann bezüglich der Spielkartenstempelsteuer [5]) und der Wechselstempelsteuer [6]), endlich beim Militärwesen mit Ausnahme

---

1) Reichs-Verf. Art. 53—56 und Schlussprotokoll über den Eintritt Bayern's vom 23. November 1870 Ziff. XII.
2) Reichsverf. Art. 52 Abs. 2.
3) Reichsverf. Art. 35 Abs. 1.
4) Reichsverf. Art. 35 Abs. 2.
5) Reichsges. vom 3. Juli 1878.
6) Nordd. Bundesges. vom 10. Juni 1869, nunmehr im ganzen Reiche geltend.

der Militärkirchenordnung [1]) und der Bayern und Württemberg zugestandenen Vorrechte [2]). Es ist zwar auf diesen Gebieten die Scheidung von Gesetzgebung und Vollziehung nicht streng in der Weise durchgeführt, dass die erstere ausschliesslich dem Reiche, die letztere den Einzelstaaten zusteht, denn z. B. für das Zollwesen existiren Reichsbehörden nicht nur zur Beaufsichtigung, sondern auch für den Vollzug der Reichsgesetze, so das Zoll- und Steuerrechnungsbureau im Reichskanzleramte, das statistische Amt, die Hauptzollämter in Hamburg, Lübeck und Bremen; beim Post- und Telegraphenwesen steht den Einzelstaaten mit Ausnahme von Bayern und Württemberg nur die Anstellung der niederen Beamten zu, bezüglich des Militärwesens regelmässig nur die Ernennung der Offiziere, Inspicirung der Truppen, Bestimmung der Kokarden. Hier hat also das Reich auch einen beträchtlichen Theil der Verwaltungsbefugnisse an sich gezogen; soweit dies aber nicht der Fall ist, besteht ein Recht der Einzelstaaten, völkerrechtliche Verträge abzuschliessen. Jedoch können bezüglich dieser Angelegenheiten von den Einzelstaaten keine Verträge mit ausserdeutschen Staaten geschlossen werden, denn hier handelt es sich nur um den Vollzug von Reichsgesetzen, nicht aber um Schaffung neuen Rechts; auf den ersteren aber kann auswärtigen Mächten niemals ein Einfluss eingeräumt werden, auch abgesehen davon, dass dem Reiche hier stets die Befugniss der Beaufsichtigung und der sogenannten authentischen Interpretation seiner Gesetze zusteht. Sonach können die Einzelstaaten bezüglich der genannten Angelegenheiten lediglich unter sich paktiren.

Was dann diejenigen Gegenstände anlangt, für welche sich das Reich nach Art. 4 der Verfassung das Gesetzgebungsrecht in nicht ausschliesslicher Weise vorbehalten hat, so ist hier das Vertragschliessungsrecht der Einzelstaaten nicht völlig ausgeschlossen, jedoch nur in beschränktem Masse gegeben. Hier bestehen aber zwei Gruppen, für welche verschiedene Grundsätze gelten.

---

1) Reichsverf. Art. 61.
2) Schlussbestimmung zum XI. Abschnitt der Reichsverfassung.

II. Abschnitt. Umfang des Vertragschliessungsrechtes.

Es müssen nemlich diejenigen Gegenstände des Art. 4, bezüglich welcher bereits Reichsgesetze erlassen worden sind, ausgeschieden werden von denjenigen, bei welchen dies noch nicht der Fall ist. Für die erstere Gruppe gilt nun, da der Vollzug der Gesetze zumeist den Einzelstaaten überlassen ist und soweit dies der Fall ist, dasselbe, was in Betreff des Post- und Telegraphen-, des Zoll- und Militärwesens gesagt worden ist; handelt es sich aber um Gegenstände, über welche das Reich zwar jederzeit Gesetze erlassen kann, aber noch nicht oder in nicht erschöpfender Weise erlassen hat, so steht den Einzelstaaten auch das Recht zu hierüber mit dem Auslande Verträge zu schliessen. Denn da einerseits das vor der Entstehung des Reiches gültige partikulare Recht in Gesetzen und Verträgen bestehen bleibt, bis ein ihm derogirendes Reichsrecht in Kraft tritt, so muss andererseits auch anerkannt werden, dass über solche Materien durch die Einzelstaaten neues Recht in Gesetzen und Staatsverträgen geschaffen werden kann, insolange nicht das Reich von seiner Gesetzgebungsbefugniss Gebrauch gemacht hat. Denn es handelt sich hier nur um eine Befugniss des Reiches, welche es nach Gutdünken ausüben kann oder nicht; keineswegs soll die regelnde Thätigkeit der Reichsglieder gänzlich ausgeschlossen sein. Hier kommt aber das wichtige Moment zu berücksichtigen, dass bezüglich aller dieser Gegenstände auch das Reich die Befugniss hat, Verträge zu schliessen; daraus folgt, dass wenn dies bereits geschehen und der Vertrag von Seiten des Reiches publizirt oder wenigstens den Einzelstaaten mitgetheilt worden ist, diese auch fernerhin für solche Gegenstände die Vertragschliessungsbefugniss nicht mehr besitzen. Es folgt aber auch hieraus, dass Verträge der Einzelstaaten über Gegenstände bezeichneter Art nicht länger gültig bleiben können, als sich das Reich unthätig verhalten hat und dass sie ipso jure mit dem Moment ungültig werden, in welchem das betreffende Reichsgesetz oder der Reichsvertrag in Kraft tritt. Sohin können die Einzelstaaten über solche Angelegenheiten Verträge nur mit der Klausel schliessen, dass dieselben nur bis zum Gültigwerden und Inkrafttreten eines die gleiche Materie ergreifenden Reichsgesetzes oder Vertrages Bestand haben können und sollen und wird dies namentlich bezüglich der Festsetzung einer Kündigungsfrist in Betracht kommen.

Die Berücksichtigung dieses Verhältnisses liegt aber nicht nur den deutschen Staaten ob, sondern auch den mit ihnen contrahirenden Mächten; denn in demselben liegt eine Dispositionsbeschränkung eines jeden deutschen Staates und will sich der auswärtige Staat nicht der Gefahr aussetzen, dass ein von und mit ihm gültig abgeschlossener Vertrag für seinen Mitcontrahenten ohne dessen Willen plötzlich unausführbar werde, so muss er auch seinerseits diesen Punkt im Auge behalten.

c) Ein völlig unbeschränktes Vertragschliessungsrecht endlich steht den Einzelstaaten zu bezüglich derjenigen Angelegenheiten, welche der Competenz der Reichsgewalt hinsichtlich der Rechtsbildung nicht unterstellt sind, d. h. welche derselben nicht kraft ausdrücklicher Verfassungsnorm oder als Consequenz aus der Natur des Bundesstaates zugewiesen werden müssen.

Es lassen sich wohl kaum alle diese Gegenstände erschöpfend aufzählen; die wichtigsten dürften indess sein: Kirchen- und Unterrichtsangelegenheiten, Pflege der Wissenschaft und Kunst, die Landesverfassungen, die direkten Staats- und Communalabgaben. Hierüber sind Verträge der Einzelstaaten sowohl unter sich, als auch mit dem Auslande zulässig.

Für alle völkerrechtlichen Verträge aber, zu deren Abschlusse die Einzelstaaten befugt sind, besteht eine gemeinsame Beschränkung der Handlungsfähigkeit, welche in der Nothwendigkeit der Berücksichtigung ihrer Stellung im Reiche und zu demselben liegt; denn es ist Pflicht derselben, Nichts gegen die Absichten und Ziele des Reiches zu unternehmen und darum ist auch bei Vertragschlüssen zu beachten, dass dieselben weder dem bereits bestehenden Rechte wie immer widersprechen, noch auch dem Geiste der Reichsverfassung zuwider seien und die für das Reich beabsichtigten Massnahmen nicht durchkreuzen; eine Missachtung dieser Pflicht und Ueberschreitung der bezeichneten Schranke würde aber eine Reichsexekution rechtfertigen. Auf diesen Punkt ist jedoch später noch näher einzugehen.

II. Privilegien einzelner Staaten in Bezug auf Vertragschliessung.

Es erübrigt noch, die über das allgemeine Mass hinausgehenden speciellen Befugnisse der bevorrechteten Staaten zu behandeln und zwar:

A. Bayern.

Dieser Staat hat ausser den bereits dargestellten Befugnissen auf dem Gebiete des Abschlusses völkerrechtlicher Verträge das weitere Recht, Verträge einzugehen:

1) über Heimaths- und Niederlassungsverhältnisse und über Verehelichungswesen [1];

2) über das gesammte Eisenbahnwesen, sowohl was reglementarische und Tarifbestimmungen, als auch was Bau und Betrieb von Eisenbahnen betrifft mit der einzigen Beschränkung durch die Befugniss des Reiches, strategisch oder im Interesse des gemeinsamen Verkehrs wichtige Eisenbahnen auf eigene Rechnung auch gegen den Willen Bayern's zu bauen oder bauen zu lassen [2]. Dadurch wird jedoch nicht ein Einspruchsrecht des Reiches oder eine Verpflichtung Bayern's, bei jeweiliger Beabsichtigung eines auf den Bau einer Eisenbahn bezüglichen Vertrages die Genehmigung des Reichs einzuholen begründet. Da dem Reiche auch das Aufsichtsrecht über das bayerische Eisenbahnwesen fehlt, besteht dessen Befugniss lediglich in dem Bau einer Eisenbahnlinie, welche es für strategisch wichtig oder deren Bestehen es als im Interesse des gemeinsamen Verkehrs liegend hält und durch Reichsgesetz dafür erklärt, während es deren Betrieb Bayern überlassen muss.

Ueber die bisher genannten Gegenstände können Verträge sowohl mit dem Reiche und den Einzelstaaten, soweit diese handlungsfähig sind, als auch mit nichtdeutschen Staaten geschlossen werden.

3) Für das Post- und Telegraphenwesen besitzt Bayern eigene Verwaltung; es steht ihm ferner das Recht zu, regle-

---

1) Reichsverf. Art. 4 Ziff. 1; Schlussprotokoll vom 23. Nov. 1870 Ziff. I.
2) Reichsverf. Art. 4 Ziff. 8; Art. 41, 46.

mentarische und Tarifbestimmungen für seinen internen Verkehr zu erlassen, sowie die Regelung des Grenzverkehrs mit seinen dem Reiche nicht angehörigen Nachbarstaaten[1]. Im letzteren Falle muss aber der Reichspostverwaltung, sowie der noch bestehenden Landespostverwaltung Württemberg's vorher von dieser Absicht Kenntniss gegeben werden, um ein übereinstimmendes Verfahren mit dem betreffenden auswärtigen Staate herzustellen und die Interessen des gesammten deutschen Postwesens zur Geltung kommen zu lassen. Die Annahme der Vereinbarungen Bayern's mit dem Nachbarstaat ist aber für das Reich und Württemberg obligatorisch, wenn es sich um Feststellung von Portosätzen handelt, welche nicht niedriger sind, als das interne deutsche Porto[2].

In dieser Richtung also und in dem Bereiche der Verwaltungsangelegenheiten kann Bayern auch mit dem Auslande Verträge eingehen; der Transitverkehr aber wird vom Reiche geordnet. Das Recht der selbstständigen Festsetzung reglementarischer und Tarifbestimmungen für den internen Verkehr kommt für völkerrechtliche Verträge, weil ein Interesse anderer Staaten hieran kaum denkbar ist, wohl nicht in Betracht. Die Vorrechte der Post- und Telegraphenverwaltung, deren rechtliche Stellung zum Publikum, Porto- und Taxwesen im nicht internen (Transit-) Verkehr werden aber durch Reichsgesetz geregelt und hierüber kann Bayern lediglich in Betreff des Gesetzvollzuges mit dem deutschen Reiche und Württemberg Verträge eingehen.

4) Auf dem Gebiete des Militärwesens besitzt Bayern weitgehende Privilegien, insoferne die frühere Gesetzgebung in Geltung geblieben ist und bleibt bis zum Erlass von Reichsgesetzen und weil es eine selbstständige Heeresverwaltung unter der Oberhoheit des Königs von Bayern besitzt. Die Gesetzgebung über das Militärwesen steht nicht Bayern, sondern dem Reiche zu nach Art. 4 Ziff. 14 der Reichsverfassung, so dass also bezüglich der Militärgesetzgebung das Privilegium Bayern's nur in der einstweiligen Aufrechterhaltung sei-

---

1) Reichsverf. Art. 4 Z. 10; Art. 52.
2) Postvertrag zwischen dem Norddeutschen Bunde, Bayern, Württemberg und Baden vom 23. Nov. 1867 Art. 49.

II. Abschnitt. Umfang des Vertragschliessungsrechtes.

ner Gesetze zu finden ist, während die übrigen Staaten mit einer Ausnahme zu Gunsten Württemberg's die preussischen beziehungsweise norddeutschen Bundesgesetze annahmen. Aus dem Rechte Bayern's zur selbstständigen Verwaltung folgt, dass der König ein Verordnungsrecht bezüglich der Militärangelegenheiten hat, dass er die Offiziere und Beamten des Heeres ernennt, Dislokationen vornimmt und im Frieden den Oberbefehl führt [1]). Wendet man diese Bestimmungen auf die im Allgemeinen geltenden Grundsätze des Vertragschliessungsrechtes der Einzelstaaten an, so ergiebt sich, dass Bayern hinsichtlich der seiner eigenen Regelung überlassenen Angelegenheiten ein solches Recht besitzt und zwar bei denjenigen Gegenständen, bezüglich welcher ihm nur der Vollzug der Reichsgesetze überlassen ist, lediglich das Recht, mit dem Reiche und Württemberg, soweit diesem letzteren Staate ähnliche Verwaltungsbefugnisse zustehen, zu paktiren. Für die übrigen, Bayern's eigener freier Anordnung überlassenen Angelegenheiten z. B. Militärrechnungswesen, Militärstrafprozessordnung, Ernennung und Beförderung von Offizieren, Militärkirchenordnung steht ihm nicht nur gegenüber dem Reiche und deutschen Einzelstaaten, sondern auch gegenüber dem Auslande Vertragschliessungsbefugniss zu. Hier kommt jedoch mehr als anderswo die Stellung im und zum Reiche zu berücksichtigen und ausserdem noch das Inspektionsrecht des Bundesfeldherrn. Es wird desshalb thatsächlich mit auswärtigen Mächten nur über untergeordnete Angelegenheiten paktirt werden können, da jeder störende Einfluss auf die beabsichtigte und nothwendige militärische Einheit des Reiches ein probitives Eingreifen desselben zur Folge haben würde.

5) Da der bayerischen Landesgesetzgebung die Besteuerung des inländischen Branntweins und Bieres [2]) und nebst dieser die Erhebung der nach Massgabe der Zollvereinsverträge eingeführten Uebergangsabgaben von Branntwein und Bier vorbehalten ist, so können auch hierüber beliebig Ver-

---
1) Reichsverf., Schlussbestimmung zum XI. Abschnitt; Bündnissvertrag mit dem nordd. Bunde vom 23. Nov. 1870 Ziff. III § 5.
2) Reichsverf. Art. 35 Abs. 2.

träge geschlossen werden, da dem Reiche kein Aufsichtsrecht in dieser Beziehung zukommt. Sonach kann auch hier Mitcontrahent sowohl das deutsche Reich oder Württemberg und Baden, als auch ein nicht deutscher Staat sein.

B. Württemberg

hat auf dem Gebiete des Post- und Telegraphenwesens, sowie bezüglich der Besteuerung des inländischen Branntweins und Bieres und der Uebergangsabgaben dieselben Vorrechte wie Bayern; es gilt sonach hiefür das für Bayern unter Nr. 3 und 5 Ausgeführte [1]).

Was das Militärwesen betrifft, so sind auch Württemberg Vorrechte eingeräumt, jedoch nicht in dem Masse wie Bayern. Dieselben bestehen in der Befugniss des Königs zur Ernennung des Höchstkommandirenden und der Beamten, zur Ausübung der Gerichtshoheit nebst dem Bestätigungs- und Begnadigungsrecht, ferner in der Aufstellung einer eigenen Militärstrafprozessordnung, in der eigenen Verwaltung der zur Bestreitung des Armeeaufwandes aufzubringenden Summe und in der Verfügung über Ersparnisse am Militär-Etat [2]).

Auch hiefür gilt bezüglich des Vertragschliessungsrechtes über die der eigenen Regelung überlassenen Angelegenheiten das Gleiche, was für Bayern unter Nr. 4 gesagt wurde und namentlich ist auch hier wieder zu erwähnen, dass bei Verträgen mit dem Auslande, etwa über gegenseitige Anstellung von Angehörigen im Heere oder über Gegenstände des Strafprozesses auf die Stellung im Reiche gebührende Rücksicht zu nehmen ist.

C. Baden.

Dem Grossherzogthum Baden ist als einziges Sonderrecht die eigene Besteuerung von inländischem Branntwein und Bier, sowie die Erhebung von Uebergangsabgaben hievon gewährt [3]). Was daher hiewegen für Bayern und Württem-

---

1) Reichsverf. Art. 35 Abs. 2; Art. 52.
2) Reichsverf., Schlussbestimmung zum XI. Abschnitt; Militär-Convention zwischen dem Norddeutschen Bunde und Württemberg vom 21./25. November 1870.
3) Reichsverf. Art. 35 Abs. 2.

II. Abschnitt. Umfang des Vertragschliessungsrechtes. 39

berg gilt, kommt auch für das Vertragschliessungsrecht von Baden zur Anwendung.

Aus dem Vorausgegangenen ist ersichtlich, dass den deutschen Einzelstaaten, namentlich Bayern und Württemberg ein ziemlich weitgehender Competenzkreis in Bezug auf den völkerrechtlichen Verkehr verblieben ist. Die Competenz des Reiches läuft theils mit derjenigen der Einzelstaaten paralell, indem beiden das Vertragschliessungsrecht zusteht, theils decken sie sich gegenseitig, einander ergänzend.

In diesem Rechte der Einzelstaaten ist im Wesentlichen der Rest der ihnen verbliebenen Souveränetät zu erblicken; ob dessen Bestehen zu Gunsten des Ganzen ist oder nicht, ist eine Frage, deren Lösung die Politik zu suchen hat. Es war jedoch bei dem Zustandekommen des deutschen Reiches in seiner vertragsmässig gewählten Verfassung die gegenwärtige Gestaltung dieses Rechtszustandes lediglich den thatsächlichen Verhältnissen angepasst und der Entstehungsart des Reiches entsprechend. Die Ausbildung der Reichsverfassung wird aber wohl manche Neuerung dieser Verhältnisse, durch momentane Bedürfnisse angeregt, mit sich bringen.

Die Darstellung des Umfanges des den Einzelstaaten zustehenden Vertragschliessungsrechtes kann jedoch nicht geschlossen werden, ohne noch auf einen früher nur berührten Punkt zurückzukommen, welcher eingehender Besprechung bedarf. Es wurden oben als Materien, bezüglich welcher die Vertragschliessungsbefugniss der Einzelstaaten eine völlig freie ist, aufgezählt: Kirchen- und Unterrichts-Angelegenheiten, Pflege der Kunst und Wissenschaft, directe Steuern, endlich die Landesverfassungen. Auch in Bezug auf diese Materien — so wurde weiter behauptet — bestehe gleichwohl eine allerdings gesetzlich nicht ausgesprochene Schranke in der nothwendigen Berücksichtigung der Stellung der Einzelstaaten im und zum Reiche.

Bei den erstgenannten Angelegenheiten lässt sich nun allerdings diese Beschränkung in ihren einzelnen Consequenzen und Anwendungen nicht wohl darstellen; sie bildet hier nur einen Richtpunkt mehr diskretionärer Natur, der sich in den jeweiligen Verträgen auch nur in allgemeinen Zügen, im Geiste des Ganzen, zum Ausdrucke bringen lassen wird. Anders bei Verträgen über Punkte der Landesverfassungen; hier lassen sich positive Momente geltend machen, weil es sich um mehr oder weniger strenges Recht handelt und weil hier die Einzelstaaten enge Fühlung mit dem Reiche behalten und behalten müssen. Handelt es sich doch hier um die Gestalt der Glieder, die dem Ganzen nie gleichgültig werden kann, so lange es an seinem Zwecke, der Förderung des Wohles der Einzelnen, festhält. Es ist aber auch nicht gerade undenkbar, dass die Einzelstaaten in Verkennung dieses Verhältnisses durch ihre Handlungen das eigene und des Reiches Wohl in Frage stellen könnten durch einen noch zurückgebliebenen Rest partikularistischen Strebens. Eine solche Gefahr hintanzuhalten, ist aber zweifellos Aufgabe des Reiches, ausgesprochen in den Eingangsworten der Reichsverfassung. Darum ist es wohl auch nicht überflüssig, auf diese Schranke besonders hinzuweisen. Selbstverständlich ist hiebei, dass in Collisionsfällen zwischen Reich und Einzelstaaten, hervorgerufen durch vertragsmässige Abänderung des Landesverfassungsrechtes, das Interesse der Einzelstaaten zurückzutreten habe vor dem des Reiches.

Im Einzelnen gilt aber Folgendes, wobei nicht unerwähnt bleiben mag, dass die Politik hier wohl viel engere Schranken zieht, als das Recht, mit des letzteren Darstellung wir es hier zu thun haben.

Die Grundlagen des Staates sind das Volk und das Gebiet, zusammengehalten in dem regierenden Subjekte; Verträge über Abänderungen der Landesverfassung werden sich daher immer entweder auf das Volk oder das Staatsgebiet oder aber auf das Regierungssubjekt beziehen müssen.

Wenn aber das Volk dadurch berührt wird, kommt in Frage, ob die Rechte und Pflichten der Einzelnen oder die Rechte des Ganzen betroffen werden.

Von den ersteren sind nun manche durch Reichsgesetze geregelt, so das gemeinsame deutsche Indigenat und dessen Wirkungen, Freizügigkeit, Schutz des sogenannten geistigen Eigenthums, dann der Gerichtsstand, die Pressfreiheit, die Gleichstellung der Confessionen in bürgerlicher und staats-

II. Abschnitt. Umfang des Vertragschliessungsrechtes. 41

bürgerlicher Beziehung, die Wehrpflicht, und hiefür ist ohnehin das Vertragsrecht der Einzelstaaten ausgeschlossen oder beschränkt. In anderen Punkten ist dies nicht der Fall, so bezüglich der Rechte und Pflichten zur Theilnahme an staatlichen Funktionen und Uebernahme von Aemtern — mit Ausnahme der gerichtlichen — bezüglich des Petitionsrechtes, der Rechte privilegirter Stände, der Pflicht zur Leistung von Gemeindediensten, zur Entrichtung direkter Steuern, zur Abtretung von Grundeigenthum mit Ausnahme des Falles bei Festungsbauten.

Diese letztgenannten Verhältnisse stehen in keiner Beziehung zum Reich und dessen Aufgaben und können daher von den Einzelstaaten wie durch Gesetz so auch durch Vertrag geregelt werden.

Was dann die dem Volke als Ganzen durch die Landesverfassung gewährleisteten Rechte anlangt, dessen Anspruch auf Mitwirkung bei gewissen Regierungshandlungen, so sind diese unbedingt und ausschliesslich Angelegenheit der Einzelstaaten; jedoch ist deren Natur eine derartige, dass sie als Gegenstand eines völkerrechtlichen Vertrages nicht wohl gedacht werden können, wesshalb hier auch nicht näher darauf einzugehen ist.

Kommt aber bei Verträgen die zweite der Staatsgrundlagen, das Staatsgebiet in Betracht, so fällt hier sofort eine Beziehung zum Reich in's Auge, denn dieses ist durch den Bundesvertrag basirt auf das gesammte Gebiet der Einzelstaaten. Sonach kann möglicherweise eine Aenderung des Gebietes der Letzteren eine Aenderung des Reichsgebietes in sich schliessen. Gebietsänderungen aber können erfolgen durch Abtretung und durch Erwerb.

Dabei ist im Voraus ersichtlich, dass solche, wenn sie sich lediglich im Innern des Reiches unter den Gliederstaaten selbst vollziehen, eine Aenderung des Reichsgebietes nicht herbeiführen können, da hier lediglich eine territoriale Verschiebung innerhalb der Reichsgrenzen stattfindet, woraus weiter hervorgeht, dass solche Verträge, welche Gebietsänderungen im Innern des Reiches beziehen, stets von den Einzelstaaten, insoweit deren Verfassungsrecht sie zulässt, frei eingegangen werden können. Hievon ist jedoch der

Fall streng zu unterscheiden, wenn ein Staat dauernd einem anderen einverleibt werden soll, wie dies im Jahre 1876 bezüglich Lauenburgs der Fall war, welcher Staat — seit 13. September 1865 mit Preussen in Personal-Union befindlich — durch preussisches Gesetz vom 23. Juni 1876 für immer mit Preussen vereinigt wurde. In dem hier vorliegenden Falle handelt es sich nicht blos um Gebietsänderungen, sondern um die Aufhebung der Existenz eines Staates, welcher in Art. 1 der Reichsverfassung als Reichsglied genannt ist; eine solche aber erfordert Aenderung der Reichsverfassung und ist sohin nicht in freier Disposition der Einzelstaaten; es war demnach das bei Einverleibung Lauenburg's an Preussen beobachtete Verfahren der Reichsverfassung zuwider.

Anders verhält es sich mit Gebietsänderungen durch Abtretung an ausserdeutsche Staaten; erfolgen solche durch Friedensverträge, so versteht es sich von selbst, dass hier die Einzelstaaten, deren Gebiet abgetreten werden soll, gar nicht in Betracht kommen, da das Recht Frieden zu schliessen, ausschliesslich beim Reich ruht; dieses also disponiert bei Friedensschlüssen über das Gebiet der Einzelstaaten ohne deren Zustimmung. Aber auch im Frieden können die Einzelstaaten nicht frei Gebietstheile an ausserdeutsche Staaten abtreten; denn die Grundlage des deutschen Reiches bildete und bildet heute noch der Territorrialbestand zur Zeit des Abschlusses der Versailler Verträge; das damalige gesammte Gebiet der Einzelstaaten und Elsass-Lothringen ist Reichsgebiet geworden und es würde eine Veräusserung durch Einzelstaaten wohlerworbene Rechte des Reiches beeinträchtigen.

Eine Aenderung der Reichsverfassung würde allerdings hiezu nicht erforderlich sein, da diese lediglich ausspricht: „Das Bundesgebiet besteht aus den Staaten etc.", eine Gebietsänderung der Staaten aber an deren Bestande Nichts ändern würde, auch nicht etwa der zur Zeit der Versailler Verträge seiende, sondern der jeweilige Territorialbestand der einzelnen Staaten dem Reiche zu Grunde gelegt wurde.

Es greift also bezüglich des Verbotes der Gebietsveräusserung durch die Einzelstaaten nicht, wie von den meisten Schriftstellern behauptet wird, der Gesichtspunkt Platz, dass hiezu eine Aenderung der Reichsverfassung erforderlich wäre, als vielmehr das Moment, dass durch eine solche Handlung Rechte des Reiches durch ein Reichsglied würden veräussert werden. Zu einem derartigen Vertrage eines Einzelstaates ist also ausdrückliche Genehmigung des Reiches erforderlich.

Aus dem eben angeführten Gesichtspunkte ist auch die Frage, ob die Einzelstaaten ihr Gebiet durch vertragsmässige Erwerbung eines solchen von einem auswärtigen Staat zu ändern berechtigt seien, bejahend zu beantworten, da ein bezügliches Verbot in der Reichsverfassung nicht ausgesprochen ist und jeder mit dem bisherigen Territorium eines deutschen Staates vereinigte Gebietstheil von selbst nach Art. 1 der R.V. Reichsgebiet wird.

Es ist nun endlich drittens der Fall zu untersuchen, was Rechtens sei, wenn völkerrechtliche Verträge über Gegenstände der Landesverfassungen das Staatsoberhaupt betreffen. Im Allgemeinen ist hier zu sagen, dass das Reich keine Veranlassung und kein Recht hat, solche Verträge, welche des mannigfaltigsten Inhaltes sein können, im Hinblick auf seine Befugnisse und Pflichten zu verbieten.

Insbesondere ist auch vom rechtlichen Standpunkt die Stellung der Einzelstaaten im Reich kein Hinderniss, wenn es sich um Eingebung einer Union zwischen deutschen Staaten unter sich und mit ausserdeutschen handelt, wobei übrigens bemerkt werden mag, dass die preussische[1]) und oldenburgische[2]) Verfassung sowohl Personal- als Real-Union, die sächsische[3]) Verfassung letztere allein als unzulässig bezeichnen.

Der erstere der beiden Fälle ist unbestritten, hinsichtlich des zweiten aber ist von R. von Mohl, deutsches Reichsstaatsrecht S. 21 ff. die Ansicht ausgesprochen worden, dass eine Union zwischen deutschen und ausserdeutschen Staaten unerlaubt sei, weil sie im Widerspruche mit den Zwecken, also mit dem Wesen des Reiches stehe.

---

1) Verfassung Art. 55.
2) Staatsgrundgesetz Art. 15 § 2.
3) Verfassung § 5.

Die Reichszwecke aber seien nach den Eingangsworten der Reichsverfassung Vertheidigung gegen äussere und innere Feinde, Rechtsschutz und Förderung des Volkswohles und als Objekt dieser Aufgabe sei das durch den Bundesvertrag gebildete Gebiet und das deutsche Volk gegeben. Zur Erfüllung derselben aber sei es nothwendig, dass Alles im nationalen Interesse geschehe und damit sei es unvereinbar, dass deutsche Fürsten zugleich an der Spitze fremder Staaten seien und dass es fremden Souveränen möglich würde, Antheil an der Reichsregierung zu gewinnen. Dies zu dulden sei das Reich weder schuldig noch auch berechtigt. Es soll damit, wie es scheint, aber nicht bloss eine politische Erwägung ausgesprochen sein, sondern vielmehr als Rechtssatz hingestellt werden, dass eine Vereinigung deutscher und ausserdeutscher Staaten unter Einem Oberhaupt durch Real- und Personal-Union verfassungswidrig sei.

Dem ist aber nicht so. Vor Allem möge dahingestellt bleiben, ob eine Union der bezeichneten Art die Durchführung der Reichszwecke gefährden würde; jedenfalls aber bleiben auch im Falle der Union die unirten Staaten getrennt und beruht die Vereinigung lediglich auf der Einheit der Person des Herrschers auf Grund Erbganges oder Verfassungsgesetzes. Der deutsche Fürst aber, welcher zugleich Oberhaupt eines ausserdeutschen Staates wäre, würde in seiner letzteren Eigenschaft und der fremde Souverän, der gleichzeitig Oberhaupt eines deutschen Staates wäre, würde in seiner ersteren Eigenschaft für das Reich rechtlich gar nicht in Betracht kommen. Jedenfalls aber und dies ist ausschlaggebend, ist kein Verbot einer solchen Union in der Reichsverfassung ausgesprochen.

Es kann demnach v. Mohl's Deduktion wohl als politische Erwägung und als Wunsch de lege ferenda, keineswegs aber als Rechtssatz aus der Reichsverfassung abgeleitet und angesehen werden.

III. Abschnitt.

Die formelle Behandlung völkerrechtlicher Verträge.

a) Vor dem Abschlusse.

Die Vertretung des Staates gegenüber anderen Mächten steht allenthalben dem Staatsoberhaupte zu, welches die Verhandlungen in der Regel durch Beauftragte führen lässt. Selbstverständlich ist, dass diese Bevollmächtigten für die Einhaltung der in der Vollmacht gegebenen Grenzen dem abordnenden Staate verantwortlich sind. Es wird in diesem Falle zudem eine Prüfung des Vereinbarten hinsichtlich der Uebereinstimmung mit der ertheilten Vollmacht erforderlich und zur Beglaubigung, dass die Grenzen des Auftrages eingehalten worden sind, dient die Ratifikation d. h. die ausdrückliche Billigung durch das Staatsoberhaupt.

Die Ertheilung der Ratifikation wird jetzt allgemein als ein Erforderniss der Gültigkeit völkerrechtlicher Verträge angenommen; dieselbe kann sowohl in schriftlichen Urkunden, welche unter den contrahirenden Staaten ausgewechselt werden, als auch mündlich zwischen den beiden Staatsoberhäuptern gegeben werden, als auch endlich stillschweigend durch concludente Handlungen, welche sich auf den Vollzug des Vertrages beziehen, wiewohl letzterer Modus in der Praxis wohl selten der Fall und die Regel schriftliche Ratifikation sein wird. Einen Anspruch auf Ertheilung derselben hat jedoch der andere Contrahent niemals. Dieselbe kann übrigens ausschliesslich vom Monarchen, in Republiken vom Senat [1]) ertheilt werden und bedarf in Monarchieen überdies der Gegenzeichnung durch den Ressortminister.

---

1) Lüb. Verf. Art. 49; Brem. Verf. § 57; Hamb, Verf. Art. 61.

Vermöge des Sanktionsrechtes kann der Monarch auch im Falle der bereits Seitens der Volksvertretung ertheilten Genehmigung zum Abschlusse des Vertrages die Ratifikation verweigern; nicht so jedoch der Senat in den Republiken. Denn wenn auch die Leitung der auswärtigen Angelegenheiten in die Hände des Senats gelegt ist, so ist doch dessen staatsrechtliche Stellung eine wesentlich andere als die eines Monarchen. Der Senat ist in eben derselben Weise wie die Bürgerschaft nur Mandatar der Bürgergesammtheit und wenn ihm allein die Besorgung gewisser Staatsgeschäfte anvertraut ist, so ist dies lediglich ein Ausfluss praktischer Rücksichten bezüglich der Geschäftsbehandlung. Von einem Sanktionsrechte ist jedoch principiell beim Senat keine Rede. Ist nun verfassungsgemäss zum Abschlusse völkerrechtlicher Verträge ein übereinstimmender Beschluss des Senates und der Bürgerschaft erfordert, dann ist der Fall, dass der Senat die Ratifikation eines solchen verweigert, nur dann denkbar, wenn sich nach der Fassung des zustimmenden Beschlusses Seitens beider Körperschaften die thatsächlichen Verhältnisse derart verändert haben, dass der Senat aus politischen Erwägungen von dem Abschlusse des Vertrages abstehen zu müssen glaubt. Dann wird derselbe, da die Staatsgewalt dem Senate und der Bürgerschaft gemeinschaftlich zusteht, auch zu einer nachträglichen Verweigerung der Ratifikation die Genehmigung der Bürgerschaft einzuholen haben, denn der für den Abschluss oder Nichtabschluss bestimmende Wille ist eben der eine und untheilbare Wille beider Regierungsorgane zusammen als Ausdruck des Volkswillens gemäss des repräsentativen Charakters der Regierungsform. Es ist eben in den Republiken im Gegensatz zu den monarchisch regierten Staaten im Zweifel die Nothwendigkeit des Zusammenwirkens beider Regierungsorgane anzunehmen. Selbst wenn, wie in Lübeck und Bremen, auf dem Gebiete der internationalen Vertragschliessung dem Senate bezüglich einzelner Angelegenheiten eine gewisse Freiheit der Handlungsfähigkeit zugestanden ist, so ist doch einer Auffassung, als ob hiedurch dem Senat eine Stellung analog der des Monarchen eingeräumt sei, durch den Hinweis auf die qualitativ gleiche Berechtigung von Senat und Bürgerschaft zu begegnen, woraus sich ergiebt, dass eine

III. Abschnitt. Die formelle Behandlung völkerrechtl. Verträge. 47

Befreiung des ersteren von der Einholung der Genehmigung des anderen Regierungsfaktors für gewisse Arten von Verträgen nur als Ausnahme und als eine aus Opportunitätsgründen gemachte Concession sich darstellt. Würde sich aber in dem Falle, dass der Senat einem mit Zustimmung der Bürgerschaft zu Stande gekommenen Vertragsentwurf die Ratifikation aus politischen Gründen versagen wollte, eine Meinungsverschiedenheit zwischen ihm und der Bürgerschaft ergeben, dann ist in Lübeck und Hamburg die Entscheidung einer aus beiden Corporationen zu bildenden Commission übertragen [1]), in Bremen aber die Sache der freien Verständigung überlassen [2]), was freilich zu endlosem Hinziehen der Angelegenheit führen kann.

Bei denjenigen Verträgen, bezüglich welcher eine Zustimmung der Bürgerschaft nicht gefordert wird, hat selbstverständlich der Senat freie Hand.

Bezüglich des Zeitpunktes der Ratifikation ist der Monarch und der Senat nicht unbeschränkt. Dieselbe darf nicht früher gegeben werden, als bis den Verfassungsbestimmungen über Abschluss von Staatsverträgen vollkommen genügt ist; so also bei denjenigen Verträgen, zu deren Abschluss die Zustimmung der Volksvertretung beziehungsweise der Bürgerschaft, sei es kraft positiver Rechtsvorschrift, sei es in Consequenz des constitutionellen Regierungsprinzips bei den Monarchieen, erforderlich ist, erst dann, wenn diese auch ertheilt ist. Würde der Landesherr ohne solche Genehmigung einen Vertrag ratifiziren, während nach der Verfassung ausdrücklich die Zustimmung der Stände gefordert wird, so wäre eine Ministeranklage gerechtfertigt; ist diese Zustimmung aber lediglich zur Ausführung nötig, so ist die Unterlassung ihrer Einholung vor der Ratifikation lediglich Verletzung einer politischen Pflicht, welche einerseits den Landesherrn in Collision zwischen seinen staatsrechtlichen und völkerrechtlichen Verbindlichkeiten versetzt und andererseits einen Anspruch des Mitcontrahenten auf das Interesse begründet. Im ersteren Falle hingegen, d. h. wenn die Zustimmung der

---

1) Verf. von Lübeck Art. 75—85; von Hamburg Art. 71, 75.
2) Verf. von Bremen § 66.

Volksvertretung zum gültigen Abschlusse nach der Verfassung erfordert ist, kann auch der Vertrag so lange nicht als gültig angesehen werden, als jene Zustimmung ermangelt; der Mitcontrahent aber hat sich hier die Folgen einer unterlassenen Prüfung der verfassungsmässigen Dispositionsfähigkeit des Staatsoberhauptes selbst zuzumessen. In den Republiken ist ohnehin zu allen Verträgen über Angelegenheiten, welche Gegenstand gemeinsamer Wirksamkeit von Senat und Bürgerschaft sind, in Hamburg überhaupt zu allen Staatsverträgen, Zustimmung der Bürgerschaft erforderlich, so dass eine Ratifikation solcher Verträge vor dieser Genehmigung die Verantwortlichkeit sämmtlicher zustimmenden Senatsmitglieder wegen Verfassungsverletzung, Ungültigkeit des Vertrages bis zur Ertheilung der Genehmigung zur Folge hat und ebenso der Mitcontrahent diese letztere Folge aus eigenem Verschulden zu tragen hat.

Bei anderen Verträgen, für welche das Erforderniss der Genehmigung durch die Volksvertretung und beziehungsweise Bürgerschaft nicht besteht, ist Landesherr und Senat unbeschränkt in der Bestimmung, wann die Ratifikation ertheilt werde. Hinsichtlich des Modus der Einholung der Genehmigung bei der Volksvertretung ist zu bemerken, dass die betreffenden Vorlagen von der Regierung an die Stände erfolgen und zwar beim Zweikammersystem nach Belieben an die erste oder zweite Kammer oder an beide zugleich, wenn nicht, wie dies bezüglich der Finanzangelegenheiten in einzelnen Staaten[1]) der Fall ist, die Vorlage zuerst an die zweite Kammer erfolgen muss.

Im Falle des Zweikammersystems vereitelt schon die Ablehnung durch eine Kammer das Zustandekommen des Vertrags und zwar selbst dann, wenn die Zustimmung der Volksvertretung lediglich zur Ausführung des Vertrages benöthigt wird, weil sonst der Monarch in den schon mehrfach geschilderten Conflikt zwischen seinen staatsrechtlichen und völkerrechtlichen Pflichten geriethe. Auch in den Republiken legt der Senat die gepflogenen Verhandlungen der Bürger-

---

1) Preuss. Verf. Art. 62; Bayer. Verf. Tit. VI § 18; Sächs. Verf. § 122; Württ. Verf. § 178; Bad. Verf. § 60; Hess. Verf. Art. 67.

III. Abschnitt. Die formelle Behandlung völkerrechtl. Verträge.

schaft durch Vermittlung des Bürgerausschusses, in Bremen des Bürgeramtes vor. Eine Initiative wird der Volksvertretung in denjenigen Angelegenheiten, in welchen sie hiezu bei der Gesetzgebung befugt ist, auch bezüglich des Abschlusses völkerrechtlicher Verträge nicht abzusprechen sein; in den freien Städten sind sowohl Senat als Bürgerschaft zur Initiative berechtigt.

Hinsichtlich der Beschlussfassung Seitens der Volksvertretung, beziehungsweise der beiden Regierungsorgane in den Republiken sind für solche Fälle, in welchen es sich um Verfassungsänderungen handelt, in den meisten Staaten erschwerende Förmlichkeiten zu beobachten und zwar entweder erhöhte Stimmenmajorität[1]) oder mehrmalige Berathung in bestimmten Fristen[2]) oder Beides zusammen[3]) erfordert; bei allen anderen Verträgen genügt zu einem Beschlusse einfache Stimmenmajorität.

Der Beschlussfassung werden die Entwürfe derjenigen Verträge, zu deren Abschluss die Verfassungen Zustimmung der Volksvertretung verlangen, im Ganzen unterstellt und müssen dieselben im Ganzen angenommen werden, da die Aenderung auch nur eines Punktes neue Verhandlungen nöthig macht und desshalb der ganze vorgelegte Entwurf als abgelehnt zu betrachten ist. Dies gilt auch für die Behandlung der Vertragsentwürfe in den drei deutschen Republiken, soweit gemeinsame Wirksamkeit von Senat und Bürgerschaft erfordert ist. In Schwarzburg-Rudolstadt, dessen Verfassung (§ 31) die Genehmigung nur zur Ausführung gewisser Verträge erfordert, ist auch nur derjenige Theil des Entwurfes, welcher die betreffende Vereinbarung enthält, zur Genehmigung der Volksvertretung vorzulegen und das Gleiche gilt für alle diejenigen Staaten, in welchen zum Vertragsabschluss

---

1) Bayern Tit. X § 7; Sachsen § 152; Württemberg § 176; Baden § 64; Hessen § 110; Weimar § 64; Braunschweig § 141; Schwarzburg-Sondershausen § 38; Schwarzburg-Rudolstadt § 46; Reuss ä. L. § 90; Bremen § 67; Hamburg Art. 123.
2) Preussen Art. 106; Oldenburg Art. 212, § 1.
3) Sachsen, Weimar, Schwarzburg-Sondershausen, Reuss ä. L. und Bremen an den sub Anm. 1 citirten Stellen der Verfassungen.

50 III. Abschnitt. Die formelle Behandlung völkerrechtl. Verträge.

durch ausdrückliche Verfassungsbestimmung die Mitwirkung der Kammern nicht gefordert wird, in welchen aber gleichwohl wegen möglicher Ausführungshindernisse der Landesherr sich vor Abschluss der Zustimmung seines Volkes versichern muss.

Was ferner die in den meisten Staaten dem Staatsoberhaupt gewährte Befugniss betrifft, im Falle der Nichtvereinigung des Landtags provisorische Verordnungen an Stelle und mit der Kraft von Gesetzen zu erlassen vorbehaltlich der nachträglichen Genehmigung der Volksvertretung — sogenanntes Nothverordnungsrecht — so muss es bedenklich erscheinen, dies auch analog auf den Abschluss von Verträgen, welche solcher Genehmigung bedürfen, auszudehnen und zwar wegen der Gefahren und völkerrechtlichen Verbindlichkeiten, welche aus einer späteren Nichtgenehmigung eines solchen Vertrages für den Staat erwachsen würden.

Es ist endlich noch zu untersuchen, von welchem Zeitpunkte an die Gültigkeit eines ratifizirten Vertrages datire und hiefür sind wieder die bisher unterschiedenen Arten von Verträgen auseinander zu halten. Durch die Ratifikation werden aber alle Verträge, deren Abschluss durch das Staatsoberhaupt allein erfolgen kann, rückwirkend von dem Zeitpunkte an in Kraft gesetzt, in welchem der beiderseitige Consens gegeben war, d. h. von dem Abschlusse der Verhandlungen an. Dies gilt auch für jene Arten von Verträgen, deren Ausführung Genehmigung durch die Volksvertretung, sei es kraft ausdrücklicher auf Verträge bezüglicher Verfassungsbestimmung, sei es wegen der im Allgemeinen für die nöthigen Regierungshandlungen erforderten Mitwirkung der Volksvertretung, erheischt, wenngleich auch bei diesen eine politische Pflicht des Landesherrn besteht, schon vor der Ertheilung der Ratifikation diese Genehmigung zu erholen. Hier also kann der Vertrag schon vor ertheilter Genehmigung Seitens der Volksvertretung Gültigkeit erlangen.

Die anderen Verträge aber, d. h. diejenigen, bezüglich welcher „zum Abschluss", „zur Gültigkeit" Zustimmung der Kammern verfassungsgemäss nothwendig ist, können auch erst von dem Zeitpunkte des Vorhandenseins jener Zustimmung an in Wirksamkeit treten. Alles dieses gilt natürlich

III. Abschnitt. Die formelle Behandlung völkerrechtl. Verträge. 51

nur für den Fall des Fehlens einer anderweitigen Verabredung; jedoch ist eine solche durch das letzterwähnte Moment beschränkt und würde eine Verabredung, dass der Vertrag von einem Zeitpunkte ab in Kraft treten solle, in welchem jene verfassungsmässig erforderliche Zustimmung noch nicht ertheilt war, rechtlicher Bedeutung entbehren.

b) Nach dem Abschlusse.

Da mit der gegenseitigen Erklärung des übereinstimmenden Willens der Contrahenten und der Ratifikation unter der Voraussetzung, dass deren etwaige staatsrechtliche Dispositionsbeschränkungen beachtet worden sind, auch kein rechtswidriger Zwang, kein Irrthum und Betrug in Mitte liegen, ein gültiger und unanfechtbarer Vertrag zu Stande gekommen ist, bedarf es der Publikation desselben keineswegs zur Gültigkeit; es lässt sich vielmehr bei mannichfachen Verträgen geradezu ein Interesse an möglichster Geheimhaltung denken. Soll aber der Vertrag auch für die Staatsangehörigen verbindlich werden, legis vigorem erlangen, dann ist dessen Publikation unerlässlich. Dieselbe erfolgt in allen deutschen Staaten im Regierungsblatte oder in der Gesetzessammlung.

Dadurch wird nun der Vertrag zum Gesetz und finden auf ihn die etwaigen Bestimmungen Anwendung, welche das Inkrafttreten der Gesetze Mangels eines anderweitigen im Gesetze selbst bezeichneten Termins von einem bestimmten Tage nach Ausgabe des Gesetzblattes datiren.

Die Berechtigung zur analogen Ausdehnung dieser für Gesetze bestehenden Bestimmungen auf Verträge ergiebt sich aus der ratio legis, welche die ist, dass durch eine solche Massregel den zu Verpflichtenden die Kenntnissnahme der Gesetze und sonstigen bindenden Normen ermöglicht und eine zeitlich übereinstimmende Anwendung durch die Behörden herbeigeführt werden soll. Diesbezügliche Bestimmungen sind enthalten:

Für Preussen im Gesetz vom 16. Februar 1874 (Ablauf des 14. Tages), Sachsen-Coburg-Gotha Staatsgrundgesetz § 110 (Ablauf des 3. Tages), Schwarzburg-Rudolstadt Gesetz vom 24. Februar 1854 (Ablauf des 8. Tages), Schwarzburg-Sondershausen Gesetz vom 13. März 1850, Reuss j. L. Gesetz vom 2. Januar 1849 (Anfang des 8. Tages), Reuss ä. L. Gesetz vom 28. Januar 1852 (Ablauf des 6. Tages). In denjenigen Staaten, welche keine derartigen Verfügungen getroffen haben, beginnt die Verbindlichkeit, wenn nichts Anderes bestimmt ist, am Tage der Publikation, d. h. der Ausgabe des Gesetzblattes.

Was endlich die Form der Veröffentlichung anlangt, so gilt für alle Monarchieen, dass ein wesentliches Erforderniss in der Gegenzeichnung des Ressortministers liegt, deren Mangel Nichtigkeit des Vertrages bewirkt. Daneben enthalten einige Verfassungen die Bestimmung, dass der Landesherr bei der Publikation ausdrücklich der Zustimmung der Volksvertretung, in Württemberg auch des geheimen Rathes Erwähnung thue *), allerdings nur für die Publikation von Gesetzen ausdrücklich ausgesprochen. Jedoch auch diese Bestimmung ist unbedenklich auf Verträge anzuwenden, da sie lediglich die Erkenntniss ermöglichen soll, ob auch von Seite des Landesherrn die verfassungsmässigen Beschränkungen seiner Handlungsfähigkeit beachtet worden sind, d. h. ob eine gültige Rechtsnorm vorliege oder eine nur gültig scheinende.

Für diejenigen Staaten, deren Verfassungen eine solche Bestimmung bezüglich der Publikation von Gesetzen enthalten, kann also dieses Erforderniss auch unbedenklich für Verträge aufgestellt werden. Anders aber bei den übrigen Staaten; für diese beantwortet sich die Frage, ob der Einwilligung der Volksvertretung gegebenen Falles Erwähnung geschehen müsse, nach einem anderen staatsrechtlichen Gesichtspunkte. Nimmt man nemlich mit der herrschenden Meinung an, dass der Richter, als unabhängig von der Autorität des Staatsoberhauptes oder der Verwaltungsbehörden und lediglich der Autorität des Gesetzes unterworfen, die Pflicht habe, die Rechtsbeständigkeit der Gesetze und Verordnungen und aller Normen, welchen rechtliche Kraft gleich jenen zukommt, also auch völkerrechtlicher Verträge, zu prü-

---

*) Bayern Tit. VII § 30; Sachsen § 87; Württemberg § 172; Weimar § 62; Sachsen-Coburg-Gotha § 108; Braunschweig § 100; Oldenburg Art. 140; Schwarzburg-Sondershausen § 40; Reuss ä. L. § 67; Reuss j. L. § 65; Waldeck § 8.

fen, dann muss auch die Forderung erhoben werden, dass dem Richter die Erkenntniss der Rechtsbeständigkeit und Anwendbarkeit ermöglicht werde. Dies kann aber nur dadurch geschehen, dass bei Verkündigung aller Regierungsakte, welche eine zustimmende Mitwirkung der Volksvertretung verfassungsmässig erheischen, diese letztere auch ausdrücklich erwähnt werde.

Nun schliessen aber die Verfassungen einzelner Staaten dieses Prüfungsrecht des Richters aus und überlassen demselben nur die Prüfung hinsichtlich der Einhaltung der formellen Erfordernisse bei der Publikation, indem sie eine Prüfung der verfassungsmässigen Entstehung der Publikate der Landesvertretung, den Kammern, zuweisen, so Preussen[1]), Oldenburg[2]), Braunschweig[3]), Schwarzburg-Rudolstadt[4]), Schwarzburg-Sondershausen[5]) und Waldeck[6]). In diesen Staaten wird daher eine Veröffentlichung im Gesetzblatte und Contrasignatur des Ressortministers als genügend erachtet; in allen anderen aber, deren Verfassungen weder ausdrückliche diesbezügliche Bestimmungen enthalten, noch auch den Richtern die Prüfung der Rechtsbeständigkeit durch positive Rechtsnorm entzogen haben, muss bei der Publikation von Staatsverträgen die erfolgte Zustimmung der Volksvertretung ausdrücklich dann constatirt werden, wenn diese wegen des Inhaltes der Verträge als Erforderniss der Gültigkeit durch die Verfassung bezeichnet ist.

Bei denjenigen Verträgen aber, für welche lediglich zur Ausführung Genehmigung durch die Kammern wegen eines zu erlassenden Gesetzes oder einer Geldbewilligung benöthigt wird, ist eine Erwähnung dieser schon vor Abschluss einzuholenden Genehmigung nicht erforderlich, da solche Verträge auch ohne Genehmigung durch die Volksvertretung zu Recht bestehen und lediglich in der Ausführbarkeit durch diese bedingt sind.

---

1) Verfassung Art. 106.
2) Staatsgrundgesetz Art. 141.
3) Landschaftsordnung § 100.
4) Grundgesetz § 26.
5) Grundgesetz § 41.
6) Verfassung § 91.

In den Republiken werden die Verträge nach Analogie der Gesetze durch den Senat im Amtsblatt publizirt *); was bezüglich des Verbindlichwerdens derselben gegenüber den Staatsangehörigen, dann bezüglich der ausdrücklichen Erwähnung, dass die verfassungsmässigen Erfordernisse beim Abschlusse erfüllt worden seien, für die Monarchieen gesagt worden ist, findet auch hier Anwendung; eine Beschränkung des richterlichen Prüfungsrechtes hinsichtlich des letzten Punktes besteht überall nicht.

Anhang.

Wie bei dem Mangel einer verfassungsgesetzlichen Norm die Grenze zwischen den Competenzkreisen des Reiches und der Einzelstaaten auf dem Gebiete der internationalen Vertragschliessung eine überaus flüssige ist, geht aus der Darstellung im 2. Abschnitte dieser Abhandlung hervor. Dazu kommt, dass es Rechtsgebiete giebt, bezüglich welcher sowohl vom Reiche als von dessen Gliederstaaten Staatsverträge abgeschlossen werden können, wonach die Competenz des Reiches im Wachsen, die der Einzelstaaten im Abnehmen begriffen ist, je nachdem das erstere auf Grund der Reichsverfassung mehr und mehr Gebiete seiner Regelung unterstellt und dadurch die Möglichkeit ferneren Eingreifens der Einzelstaaten in die von ihm erfassten Gebiete aufhebt.

Es wird desshalb nöthig, noch das Verhältniss des durch Verträge geschaffenen Landesrechtes zu dem auf Gesetzen oder Verträgen beruhenden Reichsrecht zu betrachten.

Durch die vorzugsweise in das gegenwärtige Jahrhundert fallende Entwicklung der Staaten aus dem ständisch organisirten und dem Patrimonialstaate zu der modernen Gestaltung, welche ihren Ausdruck in der Repräsentativverfassung findet, ist der völkerrechtliche Vertrag zu einer wichtigen Quelle des

---

*) Verfassung von Hamburg Art. 61, von Lübeck Art. 49, von Bremen § 57.

Staats- und mittelbar auch des Privatrechts geworden. Während nemlich früher Staatsverträge sich nur äusserst selten um andere Angelegenheiten als Krieg und Frieden drehten, hat es die moderne Staatenentwicklung durch die vorwiegende Berücksichtigung der Volksinteressen mit sich gebracht, dass nun auch vorzugsweise die Verkehrs- und Handelsverhältnisse, die Rechtspflege, die socialen Verhältnisse Gegenstand internationaler Verträge geworden sind. Da ferner diese Verträge in den meisten Fällen nicht durch ein besonderes Ein- oder Ausführungsgesetz den Staatsangehörigen gegenüber als geltendes Recht zum Ausdrucke gebracht werden, ist auch formell der Staatsvertrag als besondere Rechtsquelle neben Gesetz und Gewohnheitsrecht getreten. So zeigt sich denn in der That auch materiell allenthalben eine Analogie zwischen Vertrag und Gesetz. Bei Untersuchung der Frage, welches Regierungsorgan zum Abschlusse competent sei, zeigt sich dieselbe am schärfsten hinsichtlich derjenigen Verträge, bezüglich welcher die Verfassungsgesetze eine Mitwirkung der Volksvertretung nicht vorschreiben, indem man selbst hier zu dem Resultate gelangen musste, dass die Genehmigung der Volksvertretung nur dann entbehrt werden könne, wenn bei der Durchführung des Vereinbarten lediglich das Verordnungsrecht in Frage komme, dass aber deren Einholung schon vor dem Abschlusse nöthig sei, wenigstens politisch, wenn zur Ausführung ein Gesetz erlassen oder Geldmittel bewilligt werden müssen. Die behauptete Analogie zeigt sich ferner bei Bestimmung des Umfanges der Competenz des Reiches und der Einzelstaaten; sie zeigt sich endlich bei Darstellung der formellen Erfordernisse beim Abschlusse völkerrechtlicher Verträge. Nach diesem Gesichtspunkte beantwortet sich denn auch die Frage nach dem gegenseitigen Verhältniss zwischen Reichsvertrag und Landesvertrag und zwischen Reichsgesetz und Landesvertrag. Auch hiefür ist also die Bestimmung des Art. 2 der Reichsverfassung massgebend, wonach Reichsgesetze den Landesgesetzen vorgehen. Daraus aber ergiebt sich, dass die vom Reiche gültig abgeschlossenen Verträge mit dem Tage ihres Inkrafttretens für alle durch sie geregelten Punkte bisher bestanden habende diesbezügliche Verträge der Einzelstaaten ausser Kraft setzen.

Es folgt hieraus weiter, dass damit den Einzelstaaten auch für die betreffenden Materien die Möglichkeit künftiger Vertragschliessung während des Bestehens der Verträge des Reiches benommen ist; nur in dem einzigen Falle, dass das Reich die Ausführung des von ihm Vereinbarten den Einzelstaaten überlassen hat, ist ihnen der Abschluss völkerrechtlicher Verträge unter einander gestattet, jedoch lediglich über den Ausführungsmodus der vom Reich eingegangenen Verträge.

Was von den Reichsverträgen gilt, gilt selbstverständlich auch von den Reichsgesetzen.

Sind aber vom Reiche Verträge und Gesetze unter Ausserachtlassung der verfassungsmässigen Erfordernisse abgeschlossen, beziehungsweise erlassen worden, so folgt aus deren Unverbindlichkeit von selbst, dass durch dieselben landesrechtliche Normen nicht alterirt werden können. Der Richter sowohl, als der Verwaltungsbeamte wird daher in diesem Falle, da etwaige landesgesetzliche Beschränkungen des Prüfungsrechtes auf Reichsrecht keine Anwendung finden und bezüglich dieses solche Beschränkungen von Reichs wegen nicht bestehen, fortdauernd das Landesrecht zur Anwendung zu bringen haben.

Was endlich noch den Umstand betrifft, dass aus dem plötzlichen Ausserkrafttreten von Landesverträgen nicht unerhebliche Calamitäten hinsichtlich der Beziehungen zu auswärtigen Staaten erwachsen können, so ist bezüglich der schon bestehenden Verträge von Einzelstaaten hiefür ein remedium nicht zu finden. Für den Abschluss neuer jedoch, welche solche Gebiete berühren, auf welchen das Reich gleichfalls Vertragschliessungs- und Gesetzgebungsbefugniss hat, besteht auf Seite der deutschen Einzelstaaten die Verpflichtung, in Berücksichtigung dieser ihrer beschränkten Dispositionsfähigkeit Modalitäten für den bezeichneten Fall zu vereinbaren. Die mit denselben contrahirenden auswärtigen Staaten haben aber auch ihrerseits die Pflicht der Berücksichtigung dieses Umstandes und müssen andernfalls nach dem Satze: „culpa cum culpa compensatur" die Consequenzen hieraus sich selbst zuschreiben, denn: Qui cum alio contrahit, vel est, vel debet esse non ignarus conditionis ejus.